LE NOUVEL ÂGE DU TRAVAIL

Du même auteur

- *Sortir du chômage*, Mango, 2007.
- *Le Camembert, mythe français*, Odile Jacob, 2007.
- *L'Aménagement du temps de travail*, PUF, coll. « Que sais-je ? »,
  1998.

Pierre Boisard

LE NOUVEL ÂGE DU TRAVAIL

TAPAGE

HACHETTE
Littératures

TAPAGE :

n. m. : action consistant à troubler la tranquillité des habitants en faisant du bruit, en vue d'énerver celui ou ceux qui sont appelés à l'entendre.

Collection animée par
Joël Roman et Gilles Achache

ISBN : 978-2-01-235947-5
© Hachette Littératures, 2009.

À la mémoire de Charles, mon père, réfractaire au STO, engagé volontaire dans la 2ᵉ BD.

Introduction

Dès 1841, à l'aube de la révolution industrielle, Chateaubriand faisait du travail la condition de l'indépendance des peuples : « Ainsi la liberté ne se conserve que par le travail, parce que le travail produit la force [1]. » Cette question n'a cessé de hanter l'esprit des philosophes, des sociologues et des politiques. La prise en compte de l'importance du travail dans les sociétés industrielles s'est traduite par un questionnement sur la légitimité de la place qu'il occupe et sur les conditions dans lesquelles il s'exerce, pour déboucher sur des prises de position tranchées. Depuis la première grande enquête, celle de Villermé en 1840, faisant apparaître au grand jour l'inhumanité des conditions de travail de son époque, deux attitudes s'opposent, soit l'encouragement à la désobéissance et à la désertion et l'incitation à la paresse, soit l'appel à la lutte dans l'espoir

7

1. *Mémoires d'outre-tombe*, livre 42, chapitre 12.

qu'un bouleversement de la propriété sociale des moyens de production garantisse la fin de l'exploitation capitaliste et le bonheur au travail. En résumé, le refus du travail ou sa transformation, telle est l'alternative. Selon les périodes, l'une ou l'autre position l'emporte.

Entre 1990 et 2005 dominait l'idée que le travail était menacé d'extinction, réduit à la portion congrue et plus du tout présentable à l'autel des valeurs. On l'imaginait ayant quitté la scène avec les classes laborieuses, parti très loin, l'industrie crachant ses fumées nocives en Chine, les bureaux traînant leur ennui en Inde, dernières haltes avant une disparition totale. Depuis longtemps, legs des socialistes utopistes et des chantres de l'évolution technique, le progrès social se mesurait à l'allégement du travail. Double allègement, celui de la pénibilité et celui de la durée consacrée au labeur. Cette marche triomphale dont les premiers pas datent de la révolution industrielle se lisait dans la décrue progressive de la durée moyenne du travail. Certains voyaient se profiler à l'horizon de l'Histoire la fin définitive du travail. Et déjà, avant même de s'être évanoui, le travail était considéré comme « une valeur en voie de disparition ».

Coup de théâtre, nous avons assisté ces derniers temps à un renversement complet de perspective.

La campagne des élections présidentielles en France et les initiatives du nouveau président de la République en ont témoigné : le travail a repris sa place au panthéon des valeurs. Ce retour en grâce n'est pas réservé à la France mais c'est là qu'il est le plus spectaculaire : c'est dans ce pays que l'annonce de son déclin irrémédiable avait été la plus tonitruante. Le *revival* du travail est d'abord éditorial et politique, mais il s'inscrit aussi dans le réel. Partout en Europe on ne parle que d'allonger la durée du travail, de faciliter l'accès des femmes au marché du travail et de retarder l'âge de départ en retraite.

Ce changement dans le discours dominant, véritable basculement, ne manque pas d'étonner. Que s'est-il donc joué au tournant du siècle pour que se transfigure ainsi l'image du travail ? D'horreur léguée par un XIXᵉ siècle impitoyable, puant la sueur et la suie, marquant les corps et mutilant les esprits, le voilà de retour, à nouveau exalté. Qui aurait imaginé cela il y a encore dix ans ? Ce renversement du discours sur la valeur travail n'est pas mon seul motif d'étonnement. Comme bien d'autres j'ai été surpris que l'hymne au travail et son refrain à la mode « travailler plus pour gagner plus » puissent coexister avec une plainte insistante sur la dégradation des conditions de travail, le stress et les risques psychosociaux. Cette conjonction qu'un psychanalyste n'hésiterait pas à qualifier de sado-masochiste mérite l'attention car elle révèle un profond malaise. Mon étonnement porte non seulement sur la rapidité du retour à la valeur travail après l'annonce de sa disparition mais également sur cette surprenante coexistence entre l'exaltation du travail et le sentiment qu'il est la source d'une profonde souffrance. C'est lui le point de départ de ma réflexion présente. J'ai voulu comprendre en effet pourquoi on était passé aussi vite de la prophétie de fin du travail à l'injonction morale au travail comme devoir et valeur suprêmes, et pourquoi, malgré un fort attachement à la valeur travail attesté par tous les sondages, les Français expriment autant de souffrance et de désenchantement à son propos.

La conviction d'une fin prochaine du travail a trouvé un terreau favorable à son développement dans la grave crise de l'emploi qui a sévi pendant les années 1990 dans la plupart des pays développés et plus encore en France. Une analyse superficielle de la situation pouvait laisser craindre une disparition progressive et irrémédiable du travail sous l'effet conjugué des progrès techniques et de la mondialisation. Simultanément, comme pour adoucir les effets de cette catastrophe annoncée par quelques augures et congédier les regrets, une critique multiforme du travail se faisait entendre. C'était pour une part la réactivation de l'antienne marxiste sur le caractère fondamentalement aliénant du travail dans les économies capitalistes et un plaidoyer en faveur d'un investissement plus marqué dans la vie de la cité et d'un hédonisme privé centré sur la vie familiale et les loisirs. Certains voyaient alors la réduction de la durée du travail comme une nouvelle étape vers sa quasi-suppression.

En changeant de millénaire on a aussi changé de discours, non par la seule magie des chiffres mais parce que la situation s'est modifiée dans plusieurs domaines. L'amélioration relative de la situation de l'emploi et les effets pervers de la loi sur les trente-cinq heures ont fourni des éléments à une critique du processus de réduction de la durée du travail et à l'exaltation de la valeur travail. La loi abaissant à trente-cinq heures la durée légale du travail, mesure phare du programme de la gauche dans la continuité mythique de la loi des quarante heures de 1936, devait concrétiser un nouveau pas en avant dans la baisse séculaire du temps de travail. Ce projet, mûri dans les premières années de crise succédant aux trente glorieuses, a fini par triompher en l'an 2000 après une première tentative de faible ampleur en 1982. Paradoxalement c'est au moment de la mise en application des trente-cinq heures que se produit le basculement d'une partie de l'opinion et le retour en grâce de la valeur travail. L'inscription dans le marbre des tables de la loi de la semaine de trente-cinq heures va se muer en son contraire, elle demeure mais surchargée de codicilles qui transforment ce marbre en stèle funéraire. Un résultat inattendu et paradoxal que n'avaient pas imaginé ses artisans. L'imaginaire de la réduction du temps de travail a réveillé un autre imaginaire, celui du travail comme valeur centrale et vecteur de la réalisation de soi. C'est aujourd'hui celui-ci qui occupe le devant de la scène.

Ce renversement du discours correspond à un changement de la situation sociale mais on peut se demander si la relation au travail a connu la même évolution. La vision apocalyptique de la fin du travail comme le prêche grandiloquent glorifiant la valeur travail ont indéniablement rencontré un certain écho, mais le passage de l'une à l'autre signifie-t-il une transformation radicale du rapport au travail ou seulement une légère inflexion ? De même qu'il ne faut pas se laisser mystifier par l'impact réel des démonstrations implacables de la fin inéluctable du travail, de même il faut se garder de croire que le nouvel hymne au travail est désormais entonné à l'unisson par les masses laborieuses.

Les représentations du travail qui ont cours ne correspondent nullement à la réalité. Le décalage entre la réalité du travail et ses représentations constitue selon moi la cause principale du malaise présent. Le travail a changé de scène mais les regards restent tournés vers un théâtre qui a autrefois résonné de bruit et de fureur mais qui, depuis peu, n'est plus qu'un théâtre d'ombres. La droite a toujours privilégié une vision morale et conservatrice, se défiant des effets de l'industrialisation et de la constitution de grandes entreprises. Sa conception du travail reste marquée par sa fascination pour le travail d'un paysan individualiste et conservateur qui récolte ce qu'il sème et ne revendique rien d'autre que d'être protégé des spéculateurs et de conserver sa terre. L'affection démonstrative de Jacques Chirac pour la paysannerie a illustré à merveille cette affinité entre la droite et les agriculteurs. Lorsqu'elle ne manifeste pas un dédain aristocratique pour le travail, la droite développe une vision morale du travail comme antidote à l'oisiveté, mère, comme chacun sait, de tous les vices. Chaque fois que la réduction de la durée du travail a été débattue, elle a allégué, pour s'y opposer, la morale et les bonnes mœurs, prétendant qu'offrir du temps libre aux travailleurs, c'était ouvrir la voie à l'alcoolisme et à la débauche ou, pire encore, entraver la croissance économique.

La gauche, de son côté, avait fait de l'ouvrier de la grande industrie son champion exclusif. Son programme visait pour l'essentiel l'émancipation de la classe ouvrière qui constituait sa principale base électorale. Elle a accordé une large place à la réduction de la durée du travail et à l'augmentation des salaires. Elle n'a rien pu faire cependant pour freiner le déclin de l'industrie et des grandes concentrations ouvrières et n'a pas pour autant réussi à représenter les nouvelles couches populaires. Sa conception du travail reste marquée inconsciemment par les grands mythes du combat ouvrier contre l'exploitation capitaliste des débuts de l'ère industrielle. Rien de tel, aujourd'hui encore, pour un candidat de gauche aux élections, que de se faire adouber par une visite à un piquet de grève devant une usine.

Pour comprendre ce qui se joue, il faut quitter du regard ce théâtre et regarder le travail réel tel qu'il est vécu et pratiqué. Il faut pour cela entrer dans les usines certes, mais aussi les bureaux, les supermarchés, les centres de soins, les parcs de loisirs, etc. Le travail n'est pas une abstraction intangible préservée des changements et insensible à l'air du temps. Il ne sert à rien de disserter sur la valeur travail si on perd de vue ce que devient le travail concret et ce que vivent et ressentent les travailleurs.

En s'en remettant à une représentation dépassée, l'exaltation de la valeur travail tombe à plat. Quel sens cela a-t-il d'évoquer la France qui se lève tôt et, pour mettre en scène ce propos, de se rendre à Rungis dès potron-minet devant les caméras de télévision ? Retour à Zola ? Alors que la réalité a changé du tout au tout, l'imaginaire du travail semble ne pas avoir évolué depuis un siècle. La diversité du travail aujourd'hui ne cadre pas avec cette vision datée. Se lever tôt n'est en rien significatif du travail actuel. La persistance de cette image s'explique par l'impossibilité d'une représentation claire. Ce qui reste en nos têtes d'images du travail l'associe encore à l'effort physique et à la peine plus qu'à une voie de réalisation de soi comme si seuls la souffrance, l'effort et la peine pouvaient justifier le revenu. C'est le sens profond du « travailler plus pour gagner plus » qui vise à accréditer un rapport arithmétique entre labeur et revenu et à faire du salaire, selon une conception disciplinaire du travail, la récompense de la peine. Les débats récents sur le travail qui ont occupé le devant de la scène ont occulté ses transformations en continuant à évoquer un monde disparu.

Le décalage entre ce qui constitue le fond de sauce des discours et la réalité n'est pas la seule cause de la crise actuelle du travail, mais c'en est la principale. D'autres évolutions récentes : l'instabilité et l'insécurité de l'emploi, la peur du chômage et des restructurations, ont également leur part car elles minent l'engagement individuel et collectif des salariés. On a vu tant d'entreprises puissantes procéder, par choix ou par contrainte, à des fermetures de sites et à des licenciements par milliers que personne ne se sent désormais à l'abri du chômage et ne peut se projeter tranquillement dans l'avenir. À quoi bon en effet se dévouer corps et âme à une entreprise qui n'hésitera pas à licencier du jour au lendemain ? Les patrons qui déplorent un manque d'engagement de leurs salariés peuvent mesurer ainsi l'effet retour de leur propre incapacité à garantir la stabilité de l'emploi.

La crise actuelle du rapport au travail, outre l'insécurité de l'emploi et le fossé entre représentation et réalité, s'alimente du sentiment d'une dégradation des conditions de travail. En toute logique les progrès techniques auraient dû, croyait-on, réduire la pénibilité des tâches et alléger le fardeau du labeur. Il semble qu'il n'en soit rien. La pénibilité physique a globalement diminué mais la souffrance psychologique s'est invitée à sa place sur les lieux de travail. Les risques psychosociaux font des ravages et génèrent une souffrance qui conduit à la dépression et parfois au suicide. Il faut prendre la mesure exacte du malaise exprimé et tenter d'en comprendre les raisons. Devant cet amoncellement de griefs et le nombre surprenant d'ouvrages et d'articles qui traitent de la souffrance au travail, on ne peut incriminer uniquement l'intensification du travail ou la dégradation éventuelle des conditions de travail, c'est plus profondément la transformation du travail et de la relation au travail qu'il faut interroger.

Parmi les nombreux maux dont souffre le travail aujourd'hui, figure aussi ce qu'on peut appeler une panne de l'avenir qui hypothèque l'investissement personnel. L'incertitude qui règne concernant le statut mais aussi la nature du travail des années futures dissuade les salariés de se projeter dans le temps et les empêche d'imaginer la suite de leur carrière. Dépourvus de vision d'avenir, les travailleurs non seulement réduisent leur niveau d'investissement, mais perdent aussi confiance dans leurs compétences et en viennent à douter du sens de leur activité et de leur propre vie.

La crise du travail est aussi une crise de sens pour soi-même et pour les autres. L'individu n'exige plus seulement du travail un revenu, il lui demande en effet d'avoir du sens et de contribuer à la construction de son identité sociale, sinon l'implication personnelle requise perd toute signification et compromet sa propre estime de soi. Lorsque le travail perd tout sens ou devient incompréhensible ou dépourvu d'utilité sociale évidente, il n'est alors plus possible de s'y épanouir. Au-delà du sens pour soi de son travail, la complexité et le caractère abstrait de certaines activités rendent difficile le partage avec ses proches, ses amis et ses relations de son expérience.

Il ne suffira pas en effet d'améliorer les conditions de travail ni même d'accroître les salaires et rémunérations. Il faudra aller au-delà pour entreprendre une réforme profonde visant à redonner sens au travail et à faciliter son inscription dans l'expérience des hommes et des femmes. Cela suppose de traiter simultanément plusieurs dimensions du travail concret actuel. Dans ce livre, je me propose tout d'abord de rechercher les causes profondes du changement de discours concernant le travail et du crescendo des plaintes sur les conditions de travail. Mais je ne peux m'arrêter là et me contenter d'expliquer pourquoi le travail est mal en point, je veux également esquisser, à partir de la compréhension du malaise actuel, quelques pistes pour remédier à la souffrance et à l'inquiétude de ceux qui travaillent.

Malgré la profondeur et le caractère inédit de la crise actuelle du travail, il est possible et essentiel de lui redonner sa place et d'en consolider le rôle de fondement et de garant du lien social. C'est certes un vaste chantier, qui exige une mobilisation sociale importante et une intervention déterminée de la puissance publique. Car, à travers le travail, c'est la question de la cohésion sociale qui est en jeu.

I.

Le retour de la valeur travail

En une dizaine d'années, les discours sur le travail ont changé du tout au tout. La valeur travail est à nouveau portée au pinacle alors que sa disparition nous était annoncée. La campagne des élections présidentielles a résonné de propositions visant à la réhabiliter. Les deux principaux candidats ont proclamé l'un et l'autre leur volonté d'agir dans ce sens, celui de l'UMP plus encore que celle du PS.

Revenons aux années 1990. Les fins de siècle sont propices aux prophéties radicales. En France, trois livres parus en un court laps de temps diagnostiquent la disparition du travail. Dominique Méda publie en 1995 *Le Travail, une valeur en voie de disparition*. L'année suivante, la traduction française d'un ouvrage de Jeremy Rifkin, *La Fin du travail*, édité l'année précédente aux États-Unis, et l'ouvrage choc de Viviane Forrester *L'Horreur économique* sortent à leur tour en librairie.

Ces ouvrages et quelques autres dans la même veine paraissent dans une conjoncture dégradée qui suscite l'inquiétude. Au milieu des années 1990 le chômage bat des records en Europe. La France est un des pays les plus atteints avec plus de 3 millions de chômeurs, soit un taux supérieur à 12 %. Dans la zone OCDE, le nombre de chômeurs a augmenté de 10 millions en quatre ans pour atteindre le chiffre record de 35 millions. Le président Mitterrand, qui avait promis le retour au plein-emploi, déclare le 14 juillet 1993 : « En matière de lutte contre le chômage, on a tout essayé. » Il est vrai que la situation n'a jamais été aussi noire. En 1992 et 1993, le chiffre de l'emploi salarié en France a diminué de 186 000. Les Français, constatant la progression inexorable du chômage depuis 1975, avaient espéré que la gauche parviendrait à inverser le phénomène, mais ils devaient se rendre à l'évidence, rien apparemment ne pouvait vaincre ce fléau qui touchait la plupart des pays développés. Pour aggraver la déprime collective, les nouvelles technologies de l'information et de la communication en plein développement faisaient craindre encore des suppressions massives d'emplois. Ce contexte a favorisé la réception des prédictions les plus catastrophistes et, parmi elles, la prophétie de la fin du travail.

Deux visions convergent alors et se mêlent selon des dosages divers : celle d'un épuisement de l'emploi du fait des progrès de productivité et celle, hédoniste, qui promet le temps libre, les loisirs, voire l'oisiveté. Bien que chacune de ces perspectives émane de courants de pensée concurrents, elles se sont souvent trouvées imbriquées et se sont renforcées mutuellement pour aboutir à un discours déconsidérant le travail et annonçant sa fin prochaine.

Les chiffres du chômage, les annonces de licenciements massifs semblaient confirmer ces prédictions. À l'heure actuelle, malgré l'amélioration récente mais timide de la situation de l'emploi, la crainte demeure et la question de l'avenir du travail reste posée. Sommes-nous condamnés à une raréfaction de l'emploi que rien ne saurait empêcher ? Il est incontestable que la productivité du travail poursuit sa progression. Il faut toujours moins de travail pour produire les objets de notre quotidien. Aujourd'hui, un salarié produit autant que deux il y a vingt ans et il n'y a *a priori* aucune raison pour que cette progression de la productivité du travail s'arrête un jour. Mais faut-il tenir pour assuré un avenir peuplé de robots d'où le travail humain aurait totalement disparu ?

La crainte que les progrès de productivité ne suppriment les emplois, ne rendent le travail superflu et

Le retour de la valeur travail

Le nouvel âge du travail

ne soient cause de pauvreté n'est pas nouvelle. On l'a vue ressurgir à chaque grande innovation technique. Pourtant les progrès de productivité, s'ils ont bien supprimé des emplois en masse dans l'agriculture et dans l'industrie, n'ont pas réduit l'offre d'emplois. Si étonnant que cela puisse paraître, l'emploi a continué à croître, y compris en France au plus fort de la crise de l'emploi des années 1990, sauf pendant les deux années noires de 1992 et 1993. Il y avait 19,5 millions d'emplois salariés en 1990, 19,9 millions en 1995 et 22 millions fin 2000.

Depuis les débuts de l'ère industrielle, les progrès de productivité ont été incessants, on a assisté à des reconversions massives, des secteurs d'activité entiers ont disparu comme l'extraction de charbon en France et au Royaume-Uni. Il y a de moins en moins d'agriculteurs et d'ouvriers agricoles, environ 3 % en 2007, soit dix fois moins que cinquante ans auparavant. Si nous nous contentions du même train de vie qu'il y a un siècle, nous travaillerions dix fois moins. Mais à mesure que la productivité progressait, nous avons un peu réduit la quantité de travail mais beaucoup accru notre niveau de vie et notre consommation, utilisé de nouveaux biens : automobile, télévision, ordinateurs, caméras, téléphones, etc., et amélioré notre état de santé et notre bien-être physique. Pourquoi cette tendance ne se prolongerait-elle pas, les progrès de productivité nous permettant d'améliorer notre niveau de vie, notre confort, plutôt que de réduire l'emploi ? Cependant, l'automatisation semble représenter une nouvelle menace, autrement plus redoutable que les précédentes phases de progrès technique, car elle supprime les emplois d'exécution et s'attaque même aux tâches de conception. Dans l'industrie, par exemple, les automates sont de plus en plus nombreux et les ouvriers de moins en moins. Toutefois, la vision d'un atelier totalement automatisé est trompeuse. Hors champ et en coulisse, beaucoup de monde s'agite. Il a bien fallu concevoir les automates et les programmer, il faut aussi les surveiller et les réparer. La fabrication n'est pas tout, l'activité humaine se concentre en amont dans la conception et en aval dans la vente. Dans ces fonctions, l'emploi ne connaît pas de crise. À supposer qu'on automatise certaines phases de la production, il reste encore une large place pour le travail humain. S'il y a moins d'ouvriers dans les usines automobiles, il y en a plus dans les activités périphériques qui permettent justement d'accroître la productivité, de faire tourner plus efficacement les chaînes de production et de vendre. Par ailleurs, ce qui se passe dans les activités industrielles est inenvisageable dans la plupart des activités de services, l'enseignement et la santé par exemple, secteurs qui mobilisent toujours plus d'emplois à mesure que le niveau de vie s'accroît.

L'emploi poursuivra sa progression car la demande de biens et de services alimentée par la mise sur le marché de nouveaux produits ne connaît pas de limites. Il suffit pour s'en convaincre de considérer ce qui s'est passé avec la téléphonie mobile ou Internet. En une dizaine d'années, cette nouvelle activité a connu un développement fulgurant pour satisfaire une demande croissante. Ce sont ainsi des dizaines de milliers de nouveaux emplois qui ont été créés dans le monde. Rétrospectivement on se rend compte que les innovations techniques ont certes permis des gains de productivité mais qu'elles ont aussi généré une nouvelle offre de biens et services et de nouveaux emplois.

Un second courant, moins présent, résurgence d'une ancienne mélodie douce à l'oreille, s'est aussi fait entendre, conforté par la perspective de la fin du travail. La paresse s'est invitée au débat. Paul Lafargue avait été le premier à oser une critique radicale du travail dans son *Droit à la paresse*, prenant le contre-pied des théoriciens du socialisme qui voulaient libérer le travail en libérant les travailleurs de l'oppression capitaliste. Secrètement désirée par chacun mais condamnée par tous, la paresse a l'attrait du fruit défendu. Pour bien comprendre le pamphlet de Lafargue, publié en 1880, il faut prendre en compte ce qu'était alors le travail ouvrier. Lafargue revendique simplement le droit pour les travailleurs à plus de repos et de temps de loisirs, à une époque où les conditions de travail sont souvent effroyables, les salaires dérisoires et la durée moyenne du travail dans l'industrie le double de la durée actuelle. Il serait d'une insigne stupidité d'en prononcer la condamnation morale aujourd'hui en faisant abstraction de ces circonstances historiques. C'est pourtant ce que n'a pas hésité à faire la ministre de l'Économie dans une intervention au Parlement. Mme Lagarde, mal conseillée sans doute, a vu dans l'éloge de la paresse de Lafargue la même attitude de mépris vis-à-vis du travail que celle de l'aristocratie d'Ancien Régime.

À la vogue de la fin du travail a succédé celle de la réhabilitation de la valeur travail. Qui oserait aujourd'hui parier encore sur cette fin du travail qui paraissait se profiler à l'horizon dans les années 1990 ? Qui oserait même suggérer une nouvelle réduction de la durée du travail ? On n'entend plus aujourd'hui que le chœur décomplexé des thuriféraires du travail. Un nouveau leitmotiv, « travailler plus pour gagner plus », a remplacé l'ancien gimmick, « travailler moins pour travailler tous ». Ainsi passent les modes.

Les deux principaux candidats à la présidence ont considéré que le travail demeurait une valeur centrale dans les catégories populaires, en particulier chez les ouvriers. Mais Ségolène Royal, candidate du parti qui avait promu les trente-cinq heures, ne pouvait dans ce domaine être aussi crédible que son adversaire. Nicolas Sarkozy a été celui des deux qui a le mieux interprété la partition de la réhabilitation de la valeur travail. Il n'a eu de cesse, y compris après son élection, de marteler ce slogan simpliste mais efficace : « Travailler plus pour gagner plus ». Il a désigné la loi sur les trente-cinq heures comme la cause principale des malheurs du pays, de son déclin et de la baisse du pouvoir d'achat. Ce propos est passé dans l'opinion car il correspondait au sentiment d'échec de cette loi, suspectée d'avoir freiné la croissance du pouvoir d'achat et provoqué l'intensification du travail sans créer autant d'emplois que promis. Nicolas Sarkozy a fait de son slogan une arme efficace de reconquête d'une partie de l'électorat populaire qui a estimé que la gauche, en faisant une priorité de la réduction de la durée du travail, avait fait passer le développement des loisirs avant la revalorisation du travail et l'augmentation des salaires. L'habileté du candidat de la droite a consisté à assimiler les trente-cinq heures à une atteinte à la valeur travail pour justifier la remise en cause de cette réforme. La gauche pour sa part n'a pas su clairement dissocier ses arguments en faveur de la réduction de la durée du travail des analyses annonçant la disparition du travail.

L'objectif du recours à une thématique abandonnée par une droite convertie aux valeurs hédonistes de la société de consommation était pour le candidat Sarkozy l'occasion d'apparaître comme un candidat de rupture capable de prendre en compte les aspirations des travailleurs qui s'estimaient délaissés par les socialistes. Il lui fallait faire en sorte que les trente-cinq heures et la thématique de la réduction de la durée du travail changent de nature. Qu'elles n'apparaissent plus comme une avancée sociale mais comme une atteinte au travail. Ainsi, en se prévalant de l'augmentation de la durée du travail au nom de la valeur travail, Nicolas Sarkozy se donnait une apparence différente de celle à laquelle voulaient l'assigner les socialistes, celle d'allié du patronat, et réussissait le tour de force de passer pour le véritable défenseur des travailleurs.

Il y a plusieurs manières de parler du travail et d'entonner l'air de sa réhabilitation. Quelle a été celle de Nicolas Sarkozy ? Pour en avoir une idée, revenons sur ses propos de campagne. Le candidat de l'UMP, qui a affirmé dans un de ses tracts de campagne qu'il voulait être « le président de la valeur travail », a rodé cette thématique à partir de 2005 devant les membres de son parti avant de la reprendre pendant sa campagne présidentielle, la distillant de meeting en meeting. Le style de ses envolées ne manque pas de grandeur, voire de grandiloquence, empruntant une rhétorique « Troisième République », saturée d'anaphores [1]. Mais les formules ronflantes cachent mal la modestie du contenu. Il n'est pas facile de déceler le sens précis de ses invocations abstraites à la valeur travail. Quand il parle du travail, le candidat UMP prend rarement des exemples précis, il préfère l'évoquer de manière générale, comme injonction morale. On doit, pour en savoir plus, se livrer à une interprétation de ses propos, de ce qu'ils disent comme de ce qu'ils taisent.

S'il affirme vouloir replacer le travail « au cœur de la société », il ne dit pas comment et ne propose aucune des solutions concrètes qui paraissent les plus évidentes. Dans ses propos, la réhabilitation du travail n'est jamais associée à l'augmentation des

---

1. Une anaphore est la répétition d'un mot ou d'un groupe de mots en tête d'une phrase. Ce procédé permet d'amplifier le discours en lui donnant un ton emphatique. Sur l'abus d'anaphores dans les discours de Nicolas Sarkozy écrits par Henri Guaino, il faut lire l'excellent ouvrage de Louis-Jean Calvet et Jean Véronis, *Les Mots de Nicolas Sarkozy*, Le Seuil, Paris, 2008.

salaires, moyen le plus sûr et le plus populaire, à défaut d'être le plus réaliste sur le plan économique, de réhabiliter le travail. Pour qu'il n'y ait pas d'ambiguïté sur ce point, la formule répétée à satiété « travailler plus pour gagner plus » indique bien que le seul moyen proposé pour augmenter les revenus ne viendra pas d'une augmentation du salaire horaire mais de l'allongement de la durée du travail, par le biais des heures supplémentaires. Il ne dit rien non plus pendant sa campagne des conditions de travail, question pourtant prioritaire pour nombre de salariés et manière certaine d'améliorer l'image du travail et la vie des travailleurs. Sur ces deux questions essentielles, le candidat reste muet.

Que met-il alors derrière ses belles formules sur la valeur travail s'il ne propose ni d'augmenter les salaires ni de réduire la pénibilité du travail et les risques professionnels ? S'inscrivant, selon ses propres mots, en rupture avec ce qui se fait « depuis vingt-cinq ans », c'est-à-dire « tout ce qui a découragé le travail, pénalisé l'effort et dissuadé le mérite », il souhaite que les revenus du travail soient supérieurs à ceux de l'assistance. Il considère notamment que la reprise d'un emploi devrait procurer un revenu supérieur aux aides sociales dont bénéficient les chômeurs et souhaite qu'il soit plus avantageux de travailler que de vivre de l'assistanat.

Mais comment y parvenir sans augmenter les salaires sinon, ce qu'il ne dit pas mais laisse néanmoins entendre, en réduisant les revenus dits d'assistance ? Ce couplet relève donc moins de la promotion du travail que de la critique de l'assistance. Mais la critique des revenus d'assistance doit s'accompagner d'un développement des possibilités de travail. Ce point est moins souvent évoqué dans les discours du candidat. Si celui-ci promet de donner la possibilité de travailler plus ou de pouvoir travailler à ceux qui le désirent, il ne dit pas précisément par quels moyens.

Nicolas Sarkozy associe souvent le travail à l'effort et à la peine, parfois au mérite, rarement à l'initiative, jamais à la créativité. C'est le travail labeur plutôt que le travail création et réalisation de soi qu'il met en avant. Une expression revient en leitmotiv dans tous ses meetings de campagne : « La France qui se lève tôt[1] ». Dans les premiers discours, il parle même, maladresse ou volonté d'en rajouter, de « la France qui se lève tôt le matin » (lors d'une réunion des cadres de l'UMP le 11 juin 2005). Cette invocation deviendra plus tard « la France qui se lève tôt et travaille dur » (à Douai le 27 mars 2006 et à Agen le 26 juin 2006).

1. Je m'appuie sur l'analyse des discours de Sarkozy, notamment pour le thème de la France qui se lève tôt, développée par Jean Véronis, dans son blog http://aixtal.blogspot.com/2007/05/2007-la-france-qui-se-lve-tt.html

Si on suit bien le président, sa vision du travail associe celui-ci aux efforts qu'il faut consentir pour se lever tôt et à la dureté qu'il exige. Bien sûr, le travail c'est encore cela pour beaucoup, mais ce n'est pas que cela, loin s'en faut. On a là une vision d'un autre siècle, celle du travail paysan ; alors que le travail ce peut être aussi, pour une part, le plaisir d'échanger avec des collègues ou des clients, la passion de créer ou la joie de résoudre un problème. Mais, implicitement, si le travail mérite récompense, c'est, selon une certaine tradition chrétienne reprise à son compte par le président, parce qu'il suppose des sacrifices. Cette thématique est très présente dans ses discours. Le 13 mai 2006, devant les cadres de l'UMP, Nicolas Sarkozy évoque « la France qui est à la peine, et qui mérite la réussite ». Pour lui, le travail tire sa dignité des efforts qu'il exige et c'est pour cela qu'il doit être récompensé. En fin de compte, cette réhabilitation proclamée de la valeur travail se révèle bien réductrice : le travail est réduit à la peine qu'il réclame et sa signification au revenu qu'il procure. C'est la raison pour laquelle, selon cette vision des choses, ceux qui ne travaillent pas, catégorie réunissant ceux qui profitent indûment de la solidarité nationale et les escrocs de toutes sortes, devraient être privés de revenus.

Nous voilà ainsi revenus à la vieille injonction morale et à la malédiction originelle : « Tu gagneras ton pain à la sueur de ton front. » On remarquera que le travail ainsi envisagé n'est jamais considéré dans sa dimension collective ni comme participation à une œuvre commune. En définitive, cette leçon de morale laisse dans l'ombre ce qu'est réellement le travail dans la société aujourd'hui en faisant comme si travailler n'était qu'une question de volonté individuelle et de caractère. Ainsi, ceux qui ne peuvent pas travailler, les mères de famille qui n'ont pas de solution de garde pour leurs enfants, les jeunes qui ne trouvent pas d'emploi à proximité et qui n'ont pas de moyen de locomotion, ceux qui n'ont trouvé qu'un emploi à temps partiel, devraient se sentir coupables de leurs déficiences individuelles. On est en pleine idéologie, bien loin de la réalité.

II.

Le tournant des trente-cinq heures

Depuis plus de dix ans, droite et gauche s'affrontent à propos de la durée du travail. Contrairement aux proclamations de la droite et aux dénonciations de la gauche, la réduction à trente-cinq heures de la durée hebdomadaire du travail n'a pas été abolie. Légalement, la durée du travail n'a pas changé mais, en pratique, la durée effective peut largement excéder la durée légale. À une victoire de la gauche a succédé, au terme d'une série d'escarmouches, une victoire de la droite. Est-on plus avancé pour autant ? Probablement non parce que les problèmes même du travail ne sont pas examinés, ils ne font pas partie des sujets traités. Mais ces changements successifs n'améliorent pas la situation des salariés. Pour en juger, un retour sur le champ de bataille s'impose.

Au début du nouveau siècle, la gauche avait réussi à convaincre une large partie de l'opinion qu'une réduction de la durée du travail était le meilleur moyen de faire baisser le chômage. Non sans mal, elle était parvenue à faire passer une loi abaissant la durée légale du travail, malgré l'opposition du patronat et de la droite. L'idée d'un partage plus équitable du travail comme parade à la raréfaction de l'emploi avait rencontré un écho favorable dans un contexte où il semblait qu'il n'existait pas d'autre solution pour sauvegarder l'emploi. L'équation proposée était simple et séduisante. Puisque la quantité de travail semblait se réduire et que le nombre de chômeurs augmentait, une réduction substantielle de la durée du travail devait permettre d'accroître le nombre d'emplois disponibles et de réduire le nombre de chômeurs. Malheureusement, la réduction de la durée du travail n'a pas produit tous les effets annoncés et a eu certaines conséquences inopportunes.

La principale promesse des trente-cinq heures était la création de plusieurs centaines de milliers d'emplois. Quel en a été le bilan ? Un assez large accord se dessine pour considérer que cette mesure aurait permis de créer environ 300 000 emplois, peut-être même 350 000, qu'il faut cependant imputer pour une part aux exonérations de charges sociales accompagnant le passage à trente-cinq heures. L'essentiel des créations d'emplois enregistrées entre 1997 et 2000, soit environ 2 millions, a d'autres causes, essentiellement la forte croissance économique de cette période.

L'effet sur l'emploi de la réduction de la durée du travail s'avère donc relativement décevant par rapport aux espoirs initiaux, mais on pourrait au moins se dire qu'elle a contribué à améliorer les conditions de vie et de travail. C'est vrai pour une partie des salariés mais pas pour tous. La réduction de la durée légale du travail n'a finalement profité qu'aux salariés des plus grandes entreprises, celles de vingt salariés et plus, la plupart des autres n'en ont pas vu la couleur. Les entreprises de moins de vingt salariés ont pu en effet maintenir la durée du travail à trente-neuf heures, voire davantage. En 2007, la durée hebdomadaire moyenne du travail des salariés à temps complet des entreprises de dix salariés et plus était de 35,6 heures (source DARES, Direction de l'animation et de la recherche et des statistiques) mais cette moyenne masque un écart important entre les entreprises de cinq cents salariés et plus dans lesquels la durée du travail est de 35,1 heures et les entreprises comptant entre dix et dix-neuf salariés où elle est de 36,8 heures. Plus d'un quart des salariés ne bénéficient donc pas des trente-cinq heures, du fait des heures supplémentaires qui leur sont imposées. La moitié des salariés des petites entreprises sont soumis à ce régime.

Pratiquement tous les sondages montrent qu'il y a à peu près le même nombre de salariés pour estimer qu'ils y ont gagné que pour considérer qu'ils y ont perdu. Ceux qui s'estiment gagnants sont ceux qui ont les salaires les plus élevés, les autres, ceux qui ont les salaires les plus faibles, se considèrent perdants. Pour ces salariés au revenu modeste, la priorité est désormais l'augmentation de leur salaire. Ceux-là sont prêts à travailler plus longtemps pour augmenter leur pouvoir d'achat. Dans la situation économique dégradée qui prévaut en France depuis 2003, on aimerait bien travailler moins mais on sait que, les choses étant ce qu'elles sont, ce n'est pas réaliste. Cette vision de la situation et la déception consécutive à la loi sur les trente-cinq heures ont constitué un terrain favorable à la remise en cause de l'idée même de réduction de la durée du travail.

Si la France s'est singularisée en Europe par l'instauration d'une durée légale du travail de trente-cinq heures, cela n'a pas pour conséquence, contrairement à ce qui se dit, que la durée effective du travail y soit inférieure à celle des autres pays. Celle-ci atteint des sommets dans certains pays comme les États-Unis ou le Japon et la Corée. En Europe, c'est aux Pays-Bas qu'elle est la plus faible, tandis que dans plusieurs pays comme le Royaume-Uni ou l'Allemagne, elle est à peu près au même niveau qu'en France. Dans ces pays, la faiblesse de la durée moyenne du travail résulte de l'importance du travail à temps partiel qui est surtout le fait des femmes. À cet égard, la situation en France est moins inégalitaire, on n'y constate pas cet énorme écart que l'on observe au Royaume-Uni entre les salariés soumis à des durées très élevées et ceux qui doivent se résigner à des durées très faibles et aux maigres salaires qui vont avec. La France ne se distingue donc pas par la faiblesse de sa durée du travail mais par celle de la durée moyenne de vie active. On entre tard dans la vie active et on en ressort tôt. Cette situation n'est pas tenable pour l'équilibre des régimes de retraite et n'est plus justifiable eu égard à l'allongement de la durée de vie en bonne santé. La plupart des pays européens ont déjà reculé l'âge de la retraite à taux plein, et certains, au-delà de soixante-cinq ans. S'il y a une urgence en France, ce n'est pas de modifier la durée hebdomadaire du travail mais plutôt de permettre aux jeunes de rentrer plus tard sur le marché du travail et aux seniors de partir plus tôt en retraite.

Ce qui s'est joué dès le début sur les trente-cinq heures semble avoir été un mauvais *remake* du débat sur les quarante heures dans les années 1930. On retrouve en effet, de part et d'autre, les mêmes arguments alors que les situations sont radicalement différentes.

Comme en 1936, les deux principaux arguments de la gauche en faveur de la réduction de la durée légale du travail ont été l'amélioration des conditions de vie et le partage du travail. La droite s'y est opposée au nom de la compétitivité des entreprises françaises et de la morale des classes laborieuses. L'idée de fin du travail ou de sa crise irrémédiable qui a inspiré la loi à la gauche correspondait à une inquiétude sourde suscitée par la montée du chômage et les suppressions d'emplois. Pour beaucoup, parmi les syndicalistes comme parmi les hommes et femmes politiques de tout bord, le seul remède efficace à ce naufrage du travail était d'en réduire la durée pour un meilleur partage des emplois. Cette solution semblait d'autant plus logique qu'elle s'inscrivait dans un courant historique indéniable. On a eu tendance par conséquent à se représenter la baisse de la durée du travail comme un mouvement inéluctable impulsé par les luttes ouvrières et comme un étalon du progrès social. Elle serait également le corollaire de l'accroissement permanent de la productivité du travail et la meilleure façon de nous préserver du chômage. Cet imaginaire est depuis toujours celui de la gauche qui a placé la baisse de la durée du travail au rang de ses missions historiques.

L'offensive de la gauche en faveur des trente-cinq heures a ramené la droite à ses positions traditionnelles d'hostilité à la réduction de la durée du travail au nom de ses deux arguments habituels : l'entrave à la productivité et l'atteinte à la valeur travail. La crainte que la réduction de la durée du travail ne pénalise la compétitivité des entreprises témoigne de la pusillanimité d'une partie des chefs d'entreprise, qui ne supportent pas par ailleurs que l'État s'arroge le droit de réglementer les conditions de travail. Les gouvernements ont pourtant toujours accordé aux entreprises des délais et des marges de manœuvre leur permettant de se plier à la nouvelle durée légale sans sacrifier leur compétitivité. La loi sur les trente-cinq heures n'a apparemment pas trop pénalisé les entreprises et leur a permis de développer la flexibilité des horaires de travail conformément à ce qu'elles souhaitaient.

L'affrontement entre la droite et la gauche sur cette question est avant tout idéologique. De quelque côté que l'on se tourne, on peine à trouver un argumentaire étayé par la prise en compte de la réalité sociale. On est, là encore, prisonnier de représentations dépassées. Il ne devrait plus s'agir en effet d'opposer ceux qui travaillent à ceux qui ne pensent qu'aux loisirs ou « la France qui se lève tôt », selon la formule passéiste et moralisatrice du candidat Sarkozy, à la France de la grasse matinée.

Si la polémique sur les trente-cinq heures a été, sur le plan des idées, relativement stérile, en revanche, l'expérience de la baisse de la durée du travail a contribué à faire voler en éclats deux idées reçues : l'illusion que la baisse de la durée du travail doive se poursuivre sans fin et l'identification du progrès social à la diminution du temps de travail. Ce qui a pu prévaloir des débuts de la révolution industrielle jusqu'à la fin du XXe siècle ne vaut plus pour le XXIe siècle. Désormais, le progrès technologique n'entraînera plus la diminution du temps de travail tandis que l'amélioration des conditions de vie et de travail devra trouver d'autres voies.

La situation française s'inscrit dans une tendance commune à la plupart des pays occidentaux. Dans plusieurs pays en effet, l'Allemagne en particulier, la durée hebdomadaire augmente tandis que d'autres, comme les États-Unis, ont maintenu une durée du travail élevée et ne semblent pas se préoccuper de la réduire. Par ailleurs, une autre dimension de la durée du travail s'accroît ou s'accroîtra dans les prochaines années avec le recul de l'âge de départ à la retraite. Les salariés eux-mêmes, dans leur majorité, ne sont plus demandeurs d'une nouvelle réduction du temps de travail, au contraire. La plupart des organisations syndicales européennes ne mentionnent même plus la baisse du temps de travail parmi leurs revendications prioritaires.

La loi sur les trente-cinq heures aura eu pour effet inattendu de déclencher un mouvement inverse d'accroissement du temps de travail sous deux formes : durée hebdomadaire ou annuelle et durée de vie active. Les nouvelles dispositions votées par la droite pour faciliter le recours aux heures supplémentaires n'auront sans doute que des effets limités dans l'immédiat, mais cela permettra aux salariés qui le désirent d'accroître leur durée du travail, à condition qu'ils en aient l'opportunité. Statistiquement, cela ne sera probablement pas significatif, mais symboliquement il restera l'idée que la baisse de la durée du travail n'est pas une tendance irréversible. Quant à l'allongement de la durée de la vie active, le processus semble amorcé avec l'augmentation du nombre d'années de cotisation nécessaire pour bénéficier d'une pension de retraite à taux plein et le droit de travailler jusqu'à soixante-dix ans.

Ce n'est certes pas la première fois que la durée du travail s'accroît en France. Au lendemain de la Seconde Guerre mondiale la durée effective avait fortement augmenté par le biais des heures supplémentaires, dépassant les cinquante heures sans que la durée légale, fixée alors à quarante heures, ait été modifiée. Mais les circonstances étaient particulières, il fallait reconstruire le pays. Ce qui se passe actuellement est d'une autre nature et marque l'arrêt du mouvement de baisse de la durée du travail comme si on était parvenu, au bout d'un siècle et demi, à un équilibre satisfaisant entre travail et autres activités. Jusque-là, la réduction de la durée du travail se justifiait par l'excès de la durée du travail, ou l'insuffisance du temps disponible. En dehors de quelques cas particuliers, il est difficile aujourd'hui de prétendre que la durée du travail est excessive, et qu'elle met en danger la santé.

Beaucoup continuent de penser que, passé l'intermède actuel de remise en question des trente-cinq heures, on verra à nouveau s'enclencher une baisse de la durée du travail. C'est l'inverse qui est le plus probable. La poursuite des progrès technologiques permettra éventuellement d'alléger la pénibilité du travail, mais obligera aussi à consacrer plus de temps aux activités de formation et d'information. Comment expliquer ce paradoxe d'un progrès de technique qui oblige à travailler plus ? Il y a deux raisons à ce phénomène. Tout d'abord, un déplacement du travail des activités les plus propices aux progrès de productivité vers des activités dont la productivité progresse moins rapidement. Les activités agricoles et industrielles et certaines activités tertiaires dans lesquelles les gains de productivité sont les plus sensibles ne concernent désormais qu'une fraction limitée et décroissante du salariat. En outre, le travail, même dans les activités les plus anciennes, nécessitera des temps plus longs d'apprentissage, d'information et de communication. Les nouvelles technologies dispensent des quantités énormes d'informations et de connaissances, inimaginables il y a peu, mais ce faisant elles accaparent toujours plus de temps de lecture, de traitement et de retransmission. L'intellectualisation du travail concerne toutes les activités et n'est plus limitée comme autrefois à un type de progrès technique qui la réservait aux ingénieurs et l'interdisait aux exécutants. Elle a pour effet de rendre le contenu du travail plus intéressant mais oblige en contrepartie à consacrer plus de temps à la formation et à la réflexion. Le progrès technique étend le domaine du travail hors des limites traditionnelles du lieu de travail et lui permet d'envahir le domicile privé et même de s'inviter sur les espaces dédiés aux vacances. Sans doute, dans ces conditions, le travail n'a plus la même figure et peut s'apparenter, dans le meilleur des cas, à une activité passionnante, mais il n'en reste pas moins que son emprise sur le temps disponible ira en augmentant.

Est-ce à dire que la situation présente soit satis-faisante et qu'il n'y aurait rien à entreprendre en matière de durée du travail ? Bien au contraire, mais les améliorations futures ne viendront pas d'une baisse de la durée du travail. Il faut poser le pro-blème autrement, non plus en termes de durée col-lective du travail mais en termes de possibilité de choix individuel. Or la plupart des accords d'entre-prise signés dans le cadre du passage à trente-cinq heures ne tiennent aucun compte des situations individuelles. La possibilité obtenue par les entre-prises de faire varier leurs horaires en fonction de leurs besoins a débouché sur des horaires irrégu-liers, variant en fonction des commandes ou de l'affluence. Ce nouveau régime a bouleversé les emplois du temps et compliqué la vie de ceux et principalement de celles qui sont assujettis à des horaires rigides de crèches, d'écoles ou d'assistantes maternelles. Pour certains l'organisation de la vie quotidienne est devenue un véritable casse-tête, au point qu'ils ont regretté l'ancienne situation caracté-risée par une durée du travail plus longue certes mais des horaires réguliers.

Actuellement les salariés n'ont pratiquement aucune possibilité de choisir leur durée du travail, l'augmenter ou la réduire. En dehors de quelques catégories professionnelles, cadres supérieurs ou certaines professions intellectuelles notamment, qui parviennent, en cumulant plusieurs emplois, à dépasser les durées légales, beaucoup de salariés qui souhaiteraient travailler plus pour gagner plus ne le peuvent pas en raison de la rigidité de la législation qui interdit *de facto* de travailler plus de trente-huit heures par semaine dans les entreprises de plus de vingt salariés, parce que la décision des heures supplémentaires appartient aux chefs d'entreprise, pas aux salariés. Il en est de même pour ceux qui aimeraient réduire leur durée du travail mais ne le peuvent pas si leurs employeurs s'y refusent.

Le choix de sa durée et de son horaire de travail suppose aussi la possibilité d'en changer en cours de carrière car les souhaits varient selon les situations. La situation familiale, le niveau de revenu et les besoins interviennent dans les souhaits. Il va de soi qu'on peut souhaiter une durée du travail plus élevée en début de carrière puis adapter ses horaires et réduire un peu sa durée du travail à la naissance des enfants, reprendre une durée plus élevée lorsque les enfants sont plus âgés, puis réduire à nouveau sa durée du travail à partir d'un certain âge, lorsque la retraite approche. Il faut également tenir compte de la nature de l'activité et de la pénibilité du travail.

Le renoncement à la perspective d'une baisse continue de la durée du travail ne signifie donc pas qu'il faille se satisfaire du *statu quo*, bien au contraire. Réduire la durée du travail était une façon de composer avec l'ennui ou la pénibilité et les mauvaises conditions de travail. Si l'on considère que le travail est nécessaire mais globalement néfaste, la réduction de la part de l'existence qui lui est consacrée constitue le meilleur traitement. En revanche, si on renonce à ce point de vue irréaliste et à la perspective d'une réduction continue de la durée du travail, la question de l'insatisfaction vis-à-vis du travail se pose avec plus d'acuité et la nécessité d'enrichir le travail et d'en améliorer les conditions se renforce.

III.

Les métamorphoses du travail

En quelques décennies le travail a connu de profonds changements. Nous continuons pourtant à nous le représenter en convoquant des images d'un passé révolu, comme si nous ne parvenions pas à nous déprendre de visions pluriséculaires du labeur des hommes.

Pourtant le travail actuel a peu à voir avec celui d'autrefois. Certains secteurs d'activité ont presque entièrement disparu alors que d'autres ont émergé récemment. Les techniques productives se renouvellent constamment, de nouveaux outils apparaissent chaque jour, l'organisation du travail évolue en permanence.

Trois images du travail

1920 : le paysan

Jusque dans les années 1930, bien après la révolution industrielle, l'imaginaire du travail de la terre domine encore les esprits. La France, à la différence de beaucoup de ses voisins européens, est un pays rural peuplé d'une petite paysannerie travaillant encore, à peu de chose près, comme au siècle précédent. L'agriculture occupe 37 % de l'emploi total. Le travail peut encore se représenter par « le geste auguste du semeur » évoqué par Victor Hugo. Certes, il y a des industries puissantes, une classe ouvrière nombreuse, mais elle demeure minoritaire, encore peu représentée dans les assemblées élues et redoutée par les notables qui voient en elle une classe dangereuse, étrangère à la tradition française. Les élus locaux et une grande partie des députés conservent de fortes racines rurales, s'ils ne sont pas eux-mêmes agriculteurs.

Le travail agricole est, pour l'essentiel, exercé par de petits propriétaires qui subsistent difficilement au prix d'un labeur incessant mais peu productif. Les exploitations agricoles sont peu mécanisées. C'est la force musculaire des hommes et des femmes secondée par la traction animale qui laboure, sème et récolte. Le travail paysan est un travail physique qui s'exerce en plein air et par tous les temps, un travail rude qui ne nécessite pas de connaissances théoriques mais repose sur l'expérience et les conseils transmis par les anciens. Le respect de la tradition va de soi et se traduit en politique par un conservatisme tenace. Non soumis aux lois et règlements, le paysan n'obéit qu'à l'usage et ne se plie qu'aux forces de la nature et aux caprices du climat. Ce sont les saisons et la météo qui règlent son rythme de travail. Pas de jours de congé ni de week-end, ce qui n'interdit pas les temps de repos à la morte-saison et pour les fêtes du calendrier liturgique. Il n'y a pas de séparation entre le lieu de travail et le lieu d'habitation. Toute la vie tourne autour du travail, les moments de divertissement, les rassemblements de famille, d'amis ou de proches se déroulent dans le même espace. La figure du travailleur incarnée par le paysan des années 1930 est celle d'un homme modeste, à la limite de la pauvreté, faisant valoir sa force physique et gagnant son pain à la sueur de son front selon le précepte biblique. Sa condition matérielle n'est guère enviable. Son travail l'attache à sa terre et lui laisse peu de liberté. Toutefois, par rapport aux ouvriers de l'industrie, il récolte les fruits d'un labeur qu'il exerce de manière autonome, sans subir la tutelle d'un patron.

L'image du travail paysan est immémoriale et ne semble pas avoir connu de changement important jusqu'à ce que la mécanisation change l'aspect des campagnes. Si le mot « travail » est utilisé pour le désigner, c'est plus souvent le terme « labeur » qui est employé et qui le dépeint le mieux car il évoque le labour de même étymologie, l'effort musculaire et la peine. L'activité des agriculteurs du XXIe siècle est à cent lieues de cette image qui continue pourtant de hanter notre imaginaire et dont la prégnance inconsciente nous incline à prêter au travail de notre époque des traits empruntés au labeur paysan. L'évocation de « la France qui se lève tôt » emprunte à ce mythe du paysan qui se lève à l'aube.

1960 : l'ouvrier de l'automobile

Dans les années 1960, la France poursuit son industrialisation à grande vitesse, rattrapant les autres pays occidentaux. C'est la période faste de la classe ouvrière qui occupe une place centrale dans la société et dont l'importance numérique dépasse celle des paysans. Le travailleur, dans la mythologie sociopolitique de l'époque, ce n'est plus le paysan. Le monde rural, en effet, apparaît divisé entre petites et grosses exploitations, voire très grosses. L'image du paysan est brouillée car il est également un propriétaire et un chef d'exploitation et pas uniquement un travailleur comme l'ouvrier qui, lui, ne possède pas ses moyens de production. Sous l'influence du marxisme et de ses produits dérivés, l'ouvrier est dépeint non seulement comme le travailleur par excellence mais aussi comme membre d'une classe rédemptrice, porteuse d'un monde nouveau. Les partis socialiste et communiste se définissaient d'ailleurs indifféremment comme partis ouvriers ou partis des travailleurs. C'est ainsi que le PCF à sa grande époque arborait le marteau et la faucille, symboles censés évoquer l'alliance des ouvriers et des paysans. Dans cette vision du travail aux relents de sueur et d'huile de graissage, ni le travail intellectuel ni les activités de service n'avaient leur place. Il y avait le camp des travailleurs, ouvriers et paysans réunis, et, en face, le camp des exploiteurs. Cette vision réductrice du travail et, pour tout dire, délibérément irréaliste était déjà difficilement tenable il y a cinquante ans mais pouvait encore s'autoriser d'une réalité sociale. Aujourd'hui, l'antienne du parti des travailleurs paraît aussi incongrue que la messe en latin et, comme elle, affaire de croyants fondamentalistes que leur attachement à la tradition rend aveugles aux évolutions de la société.

Le mythe de la classe ouvrière, fer de lance du changement, masque la grande diversité de la condition ouvrière derrière la figure de proue de l'homme de fer : l'ouvrier de la métallurgie ou, plus précisément, celui de la grande entreprise automobile, symbole de progrès et de puissance. Dans cette représentation du travail, ce n'est plus la confrontation directe de l'individu à la nature qui est donnée à voir mais la puissance de l'organisation collective maîtrisant les machines. On est passé de Cronos à Prométhée mais à un Prométhée libéré de ses chaînes. En revanche, demeurent dans cette vision du travail la dépense musculaire et la force. C'est encore une image virile et rude du travail qui s'impose. Au combat contre les forces de la nature s'est ajoutée la confrontation avec la puissance mécanique des machines. En outre, le travailleur a perdu une part de son autonomie et ne dispose plus du produit de son travail. Les relations sociales dans le travail sont limitées à ce qui est strictement nécessaire à l'effectuation des tâches, c'est-à-dire qu'elles s'établissent uniquement entre les ouvriers d'un même atelier et avec les contremaîtres.

2010 : l'esthéticienne

Le travail n'a pas cessé de changer, il se déploie désormais sous de multiples formes ; il reste toujours des paysans et des ouvriers, mais ce qu'on appelle le tertiaire est devenu très largement dominant. Comment d'ailleurs s'y retrouver dans ce conglomérat d'activités aussi dissemblables : activités bancaires, commerciales, transports, conseil, enseignement, intermédiation, santé, culture, loisirs ? Plus que jamais, il est réducteur et dangereux de s'arrêter sur une seule représentation du travail. À vrai dire, il faudrait en convoquer des dizaines. Mais s'il faut n'en garder qu'une, laquelle choisir ?

Le choix est donc vaste pour représenter le travail de ce début de XXIe siècle tout en sachant que c'est juste une image d'un travail particulier au sein d'un paysage d'une infinie diversité. Ce qui distingue le travail actuel par rapport aux époques précédentes c'est, en premier lieu, la place des femmes et l'importance des activités de services aux personnes parmi l'ensemble des activités de services. L'image pertinente doit donc représenter une activité de services aux personnes exercée principalement par des femmes et connaissant une forte progression. Le secteur du tourisme et des loisirs correspond parfaitement à ces caractéristiques, mais les dénominations de ses métiers sont peu évocatrices : billettiste, agent ou agente de réservation ou d'accueil… Le plus évocateur, voyagiste, est neutre, sans connotation féminine. En revanche, l'esthéticienne me paraît incarner parfaitement les nouveaux traits du travail. Ce qui caractérise son travail c'est qu'il implique une relation interpersonnelle à chaque fois différente, c'est tout autant non seulement un soin corporel, mais aussi de l'écoute, y compris d'autres choses que les questions de peau ou de rides, et du conseil. Il mobilise plus des habiletés ou des compétences relationnelles et des connaissances acquises par l'expérience que la force musculaire ou mécanique. Enfin, il s'exerce dans des entreprises petites voire minuscules.

Quelles transformations ont conduit à ce que l'on passe de la figure de l'agriculteur à celle de l'esthéticienne en à peine cinquante années ?

La croissance du salariat

Aujourd'hui, neuf actifs sur dix ont le statut de salarié. Cette proportion n'a cessé de progresser depuis la révolution industrielle : moins de 50 % en 1850, 80 % en 1970. C'est la conséquence de la diminution de la paysannerie, de nombreuses professions artisanales et du petit commerce. Le salariat est ainsi devenu la forme archi-dominante du travail rémunéré. Désormais la norme, le statut de salarié ne constitue plus par lui-même un facteur de distinction et d'identité. Toutes les considérations actuelles sur l'implication dans le travail, l'épanouissement ou la souffrance qu'il génère, se situent

implicitement dans le cadre de la condition salariale.

La caractéristique du statut salarial résidait en
principe dans la sujétion à une direction au sein
d'une organisation en contrepartie de la sécurité de
l'emploi et du revenu. Les termes de ce contrat,
sécurité contre sujétion, demeurent mais ont connu
une évolution au cours des dernières décennies. La
sécurité d'emploi est minée par un risque croissant
de licenciement, de perte d'emploi et par le développement de nouveaux statuts de travail temporaire. Les compagnies privées ne prétendent plus
offrir cette sécurité d'emploi à vie et cette progression salariale à l'ancienneté, base de l'attachement
des salariés à leur entreprise. À cet égard, le contrat
salarial est sérieusement écorné, la sécurité que ne
garantit plus l'entreprise ne peut être apportée que
par des dispositifs institutionnels instaurés ou soute-
nus par l'État providence, tels que les caisses de
chômage et les aides à la formation et à la reconversion. La sujétion du salarié à l'autorité du chef
d'entreprise a également évolué. La subordination
demeure, mais les salariés sont invités à plus d'autonomie, surtout ceux qui ont un statut de cadre, en
augmentation constante. Ces évolutions rappro-
chent le salarié de la situation des professions libé-
rales et des dirigeants de petite entreprise. Pour les

cadres en particulier, l'écart entre leur statut et celui de chef d'une petite entreprise s'atténue au point que les passages d'une position à l'autre sont fréquents.

Services gagnants

Les économistes, à la suite de Colin Clark, regroupent les activités économiques en trois grands secteurs : primaire (agriculture, pêche et extraction minière), secondaire (industrie et BTP), tertiaire (services). Au fil de l'histoire, la majeure partie de l'emploi est passée du secteur primaire au secteur secondaire dans le cours de l'industrialisation, puis du secteur secondaire au secteur tertiaire qui rassemble aujourd'hui en France plus de 70 % des actifs, tandis que les emplois primaires et secondaires poursuivent leur décrue. Vaste conglomérat d'activités de services, le tertiaire mérite un examen de détail afin de saisir ce qui relève réellement du service, ce qui, en termes d'emploi, stagne ou régresse et ce qui connaît un développement rapide. Pour y voir plus clair, il faut distinguer les services rendus aux entreprises et ceux qui sont destinés aux particuliers. Plus de 3 millions de salariés travaillent dans les services aux entreprises, alors que l'industrie emploie environ 4 millions de personnes. Les services aux particuliers emploient pour leur part 2 millions de salariés et le commerce 3 millions (sur environ 25 millions d'emplois en 2007). Toutes ces activités ne progressent pas au même rythme. Leur évolution dépend à la fois de la demande et des progrès de productivité. On a longtemps considéré, l'économiste Colin Clark le premier, que les activités tertiaires n'étaient que faiblement concernées par les progrès de productivité dus aux innovations techniques, ce qui les distinguait d'ailleurs des secteurs primaire et secondaire. L'informatisation a bouleversé cette situation, provoquant la stagnation et parfois même la baisse de l'emploi dans les secteurs des assurances et des banques. En revanche, elle est de peu d'effet sur l'emploi dans d'autres activités qui affichent une forte progression : activités récréatives, culturelles et sportives, conseil et assistance aux entreprises, services personnels, hôtels et restaurants. Toutes ces activités de services aux entreprises ou aux particuliers sont promises à un développement important dans les prochaines années.

Quelques familles professionnelles ont connu des progressions fulgurantes au cours des vingt dernières années : entre 1982 et 2002, chaque année, les formateurs et recruteurs dont les effectifs se sont accrus de près de 8 %, les assistants maternels et aides à domicile ont progressé de près de 6 %, les personnels d'étude et de recherche et les informaticiens de près de 5 %, les professions de la communication et de la documentation et les professionnels de l'action sociale culturelle et sportive de près de 4 %. Depuis 1997 le nombre des coiffeurs et esthéticiennes progresse à un rythme annuel supérieur à 3 %. En sens inverse certaines professions se sont effondrées : – 26 % de secrétaires de direction entre 1982 et 2002 ; il en est de même pour la plupart des ouvriers non qualifiés, les marins-pêcheurs, les agriculteurs et les patrons d'hôtel, café et restaurant. Les effectifs des ouvriers non qualifiés ont baissé de 38 % alors que les cadres et professions intermédiaires (personnels d'enseignement, professions culturelles et de la santé notamment) qui ne représentaient qu'un peu plus du quart de l'ensemble des actifs en 1982 (27 %) en constituaient plus du tiers (36 %) en 2002.

À travers ces chiffres transparaît une caractéristique essentielle du travail qui ira encore en s'accentuant au cours des prochaines années. Le travail devient une activité de services plus qu'une activité de fabrication, ce qu'il a été pendant des siècles. Pourtant on continue encore de penser le travail dans les termes aujourd'hui dépassés d'une activité de production matérielle en mettant l'accent, comme critère de croissance, sur une notion de productivité forgée pour l'industrie alors qu'il conviendrait de prendre en compte de préférence la qualité du service rendu.

Féminisation

La participation des femmes au travail rémunéré s'est fortement accrue au point d'égaler celle des hommes en début de vie active. Même les mères, malgré la charge de leurs enfants, sont de plus en plus nombreuses à travailler. Le taux d'activité des femmes de 15 à 64 ans est passé de 53 % en 1975 à 65 % en 2007, s'approchant du niveau d'activité des hommes (75 %). Entre 25 et 49 ans, plus de huit femmes sur dix travaillent (81 %). En 2005, les femmes occupaient 46 % des emplois, la parité quantitative semble donc proche, d'autant que l'emploi féminin continue de progresser alors que l'emploi masculin stagne. L'emploi féminin représente la plus grande part de l'augmentation de l'emploi en 2005, soit 121 000 sur 137 000 emplois.

On est encore loin d'une véritable parité car les femmes n'occupent pas les mêmes emplois que les hommes. Elles sont concentrées dans les postes les moins qualifiés et les plus mal rémunérés. Ainsi les trois quarts des agents d'entretien sont des femmes. Cinq des quatre-vingt-quatre familles professionnelles concentrent près d'un tiers des onze millions d'emplois salariés féminins. Quatre de ces familles professionnelles sont mal rémunérées et en majorité de faible qualification : agents d'entretien, assistantes maternelles, secrétaires et employés administratifs de la fonction publique de catégorie C. L'enseignement est la seule famille professionnelle à dominante féminine qui n'est pas marquée par cette sous-qualification. Plus de 700 000 femmes, soit presque les deux tiers des effectifs, exercent cette profession qui toutefois ne figure pas parmi les mieux rémunérées. Bien qu'il y ait par ailleurs quelques professions exclusivement masculines, dans le bâtiment et les transports notamment, la concentration des femmes dans quelques familles professionnelles est beaucoup plus marquée que celle des hommes. Cela signifie que les femmes n'ont accès en masse qu'à un nombre limité de professions et que la progression de l'emploi féminin ne concerne qu'une partie du spectre des métiers et des activités. Pour une part, le passage des femmes du foyer et des tâches domestiques à l'activité rémunérée s'est fait dans des métiers – assistantes maternelles et agents d'entretien – où elles exercent les mêmes tâches qu'au foyer familial ou dans des métiers de services à la personne – dans les secteurs de la santé, de l'éducation et de l'action sociale – où elles occupent des emplois pour la plupart peu qualifiés, à temps partiel et précaires.

On ne peut toutefois en rester à cette vision négative de la progression de l'activité féminine. Même si les femmes sont encore peu présentes dans les activités les mieux rémunérées et les postes les plus qualifiés, leur présence a fortement progressé dans plusieurs métiers qualifiés en expansion. Elles représentent ainsi 25 % des cadres commerciaux et technico-commerciaux en 2002 contre 9 % en 1982. Elles sont également plus nombreuses parmi les cadres et les personnels d'étude et de recherche. Mais, même dans les emplois liés aux nouvelles technologies, on ne peut manquer de remarquer que l'augmentation du nombre de femmes est moindre que celle des hommes et que cela se traduit finalement par une baisse de la proportion de femmes dans certains emplois phares de la modernité technologique. Ainsi, bien que le nombre de femmes dans le secteur informatique se soit fortement accru, celles-ci ne représentent plus que 20 % des informaticiens en 2002 contre 34 % en 1982. Au-delà des progrès enregistrés ces vingt dernières années l'égalité professionnelle des femmes reste à réaliser.

Le développement du TAO
(travail assisté par ordinateur)

Imaginons un journaliste spécialiste du travail s'endormant dans une entreprise en 1975 et se réveillant en 2005. Quel changement essentiel constaterait-il ? L'omniprésence de l'ordinateur, voilà ce qui va le sidérer. Les ordinateurs, du fait de leur polyvalence, sont partout, dans les bureaux mais aussi sur les lignes de production et d'assemblage, dans les points de vente, au standard… Leur présence est devenue si familière qu'ils font partie du paysage et qu'on les oublie presque, sauf lorsqu'ils tombent en panne. Qu'ils en aient conscience ou non, tous les salariés sont concernés par l'informatisation. Certains en maîtrisent l'usage, au moins partiellement, d'autres non mais n'échappent pas pour autant à son emprise. En simplifiant à l'extrême on peut considérer qu'une sorte de fracture numérique traverse les entreprises : il y a ceux qui commandent à l'ordinateur et ceux qui sont sous sa dépendance ou son contrôle.

Le déferlement de l'informatique a accompagné une évolution marquante du travail depuis cinquante ans : son intellectualisation. Dans toutes les activités, y compris agricoles et industrielles, le travail fait de plus en plus appel à l'intellect et de moins en moins à la force physique et à l'habileté manuelle. Le travailleur moderne doit manipuler des symboles et communiquer avec ses collègues, ses clients et fournisseurs par le biais de procédures et d'appareils divers qu'il doit apprendre à utiliser. Il doit bien sûr savoir se servir d'un ordinateur. Cette évolution transparaît à travers la montée en qualification et la transformation des emplois dans l'industrie. Les ouvriers non qualifiés des industries de « process » ont perdu plus de 30 % de leurs effectifs entre 1982 et 2002 mais, dans le même temps, le nombre des ouvriers qualifiés dans ces industries s'est accru de 38 %.

Le travail manuel n'a pas complètement disparu, loin s'en faut, mais il s'est transformé. La diffusion de l'informatique a accompagné et favorisé l'atténuation de la distinction entre travail manuel et travail intellectuel. Les travailleurs manuels sont invités à faire preuve d'initiative face à l'imprévu, à gérer les aléas sans attendre les consignes. Cette évolution est dictée par l'obligation pour les entreprises de s'adapter sans délai à une demande fluctuante. La souplesse et l'intelligence nécessaires à une réponse rapide et ajustée aux particularités de la demande doivent être réparties dans l'ensemble de l'appareil de production. Qu'une seule composante s'avère incapable de comprendre rapidement

Le nouvel âge du travail | Les métamorphoses du travail

les commandes et de s'y ajuster et c'est tout l'ensemble qui sera désarmé. Le travail dit d'exécution doit ainsi prendre en charge une part de gestion en s'aidant pour cela des moyens informatiques mis à sa disposition.

Le développement de l'initiative individuelle dans la relation de travail

Le travail d'autrefois, celui de la terre ou celui de l'usine ou même du bureau, mettait en relation les membres du même collectif de travail, qu'on les nomme camarades, potes ou collègues ; il impliquait également des rapports avec le ou les chefs et, dans les petites entreprises familiales ou dans les exploitations agricoles, avec les membres de la famille parties prenantes de l'entreprise qui se confondait souvent, au moins en partie, avec l'entreprise. Le taylorisme a réduit au strict nécessaire les relations de travail en les formalisant. Si elles ont néanmoins continué d'exister, c'est à l'insu de la hiérarchie, dans les marges de l'organisation. Bien que la communication entre les membres des collectifs de travail ait été nécessaire à la réalisation de la production, elle n'était pas censée exister. Il en va tout autrement aujourd'hui, les relations dans le travail et la communication sont considérées comme des ressources essentielles. Deux évolutions ont présidé à ce renversement de point de vue. En premier lieu, le développement des contacts avec les publics entraîne un élargissement de l'espace des relations. Face à des clients, des usagers, des fournisseurs ou des partenaires commerciaux, il faut communiquer et entretenir des relations de coopération. Depuis environ deux décennies, une proportion croissante d'actifs est en contact direct avec le public, c'est le cas pratiquement de deux salariés sur trois (62 %). Cette relation au public, clients ou usagers, change considérablement le contenu du travail et met en jeu d'autres compétences, notamment relationnelles. Les marges d'initiative sont plus grandes lorsqu'il y a contact avec le public mais cela va de pair également avec un accroissement des tensions et des imprévus.

En second lieu, la prise en compte de la diversité de la demande, surtout dans le domaine des services, l'impossibilité de l'enfermer dans un cadre rigide et stable, la contrainte forte des exigences de la clientèle obligent à développer la communication tout au long de la chaîne de production afin de transmettre correctement les spécificités des commandes.

Cette présence de la demande finale avec ses spécificités auxquelles il faut s'adapter infléchit la logique des relations au sein des entreprises. Le modèle hiérarchique qui a longtemps prévalu, calqué sur le modèle militaire d'où provient d'ailleurs le terme de « cadres », tend à s'estomper car il n'est plus adapté. En fait d'ordres, ce dont ont connaissance les salariés à tous les niveaux, ce sont les demandes des clients. Au pilotage par la direction de l'entreprise qui décidait de ce qui était bon pour le marché et formulait ses commandements en conséquence, s'est substitué un pilotage par la demande qui invalide le modèle hiérarchique de type militaire. Les entreprises ont déployé par conséquent en interne cette logique client-fournisseur. Cette nouvelle logique marchande concurrence, au sein de l'entreprise, l'ancienne logique industrielle ou administrative. Chaque unité de travail ou même chaque salarié se comporte alors en client posant ses exigences vis-à-vis de ses fournisseurs internes mais doit aussi satisfaire, en tant que fournisseur, les exigences de ceux qui lui passent commande.

L'implication personnelle

Selon la conception taylorienne du travail, les salariés n'ont pas à s'impliquer personnellement dans leur travail. Tout est formalisé, les façons de faire, les temps élémentaires de chaque geste, la durée du travail et le volume de production exigés. Le travail taylorien ne requiert en principe du salarié que sa force physique et son habileté mais lui reste mentalement en grande partie extérieur. En réalité, le travailleur taylorien doit en permanence prendre des libertés avec le schéma préétabli et faire face à des imprévus mais son implication personnelle est peu mobilisée et rarement sollicitée. Il peut, devant les reproches que lui adressent ses chefs, mettre en cause une organisation déficiente ou un encadrement despotique dont il s'estime la victime au même titre que ses camarades de travail. La commune situation des salariés, asservis aux mêmes consignes et cadences et sans marge d'initiative, favorise la conscience collective de partager un même sort. Ce schéma n'a plus cours ou de moins en moins. Les nouvelles activités et les nouvelles formes d'organisation du travail font appel à l'initiative individuelle et exigent une implication personnelle qui ne se limite pas au suivi de consignes préétablies. Cela est vrai bien évidemment dans les métiers impliquant une relation avec des clients ou des usagers, mais aussi dans les postes anciennement taylorisés sur les chaînes de production ou de montage, pour faire face aux imprévus ou parce que les changements, les adaptations nécessaires surviennent de plus en plus fréquemment. Plus question de faire son boulot en pensant à autre chose, il faut être présent de corps et d'esprit et s'impliquer totalement. Cette exigence nouvelle est autant une voie possible d'épanouissement, si le travail est intéressant et son environnement humain et matériel favorable, qu'un facteur de risque. Les échecs, même minimes, induisent une remise en cause personnelle que la hiérarchie ne manque pas de souligner le cas échéant. En outre, les salariés sont fréquemment mis en situation de concurrence et évalués régulièrement. Cette situation les place sous la menace potentielle d'une évaluation défavorable pouvant signifier la perte d'une prime et même un licenciement à l'occasion d'un plan de restructuration. Le fardeau physique qui pesait sur les épaules des travailleurs s'est allégé, mais il s'y ajoute désormais un poids psychologique qui n'est pas moins lourd et qui provoque de nouvelles pathologies du travail.

IV.

Se représenter le travail

Le travail suscite des réactions et des discours contradictoires. Certains le célèbrent, d'autres en dénoncent le caractère inhumain et font l'éloge de l'oisiveté. Le débat politique n'échappe pas à ces visions opposées et tout aussi caricaturales. Il faut reconnaître qu'il n'est pas aisé de tenir un discours général sur le travail d'aujourd'hui. Deux types d'obstacles gênent l'accès à la compréhension de ce qu'il est devenu. Le premier a trait à sa représentation, le second est d'ordre sémantique.

L'élaboration d'une représentation du travail prenant en compte la réalité de son évolution se heurte à trois difficultés : son extrême diversité, sa faible matérialité, l'absence d'éléments caractéristiques représentables. Il n'est pas nécessaire d'insister sur la diversité des activités, je l'ai déjà évoquée et il est aisé de comprendre qu'aucune activité ne peut prétendre les représenter toutes. Mais ce n'est pas là l'essentiel.

Les images d'Épinal parvenaient à donner une représentation simple et sans équivoque, immédiatement comprise par tous, des différents métiers. Les représentations du boulanger, du cordonnier ou du forgeron ne pouvaient être confondues. Pour cela, les illustrateurs s'appuyaient sur la combinaison de trois éléments caractéristiques et facilement représentables : l'habillement, l'outillage et la posture. Chacun de ces éléments pouvait suffire à lui seul à différencier un métier. Aujourd'hui, aucun de ces trois éléments ne permet de distinguer les métiers et activités modernes : pas d'habit distinctif, pas de posture spécifique, pas d'outil connu de tous et aisément reconnaissable.

Voyons comment on représente le travail dans les médias. On nous montre tantôt l'ouvrier sur sa chaîne de montage, tantôt l'employé de banque, tantôt la vendeuse. Cette diversification de la représentation, si elle correspond à une réalité, est aussi le symptôme d'une difficulté à visualiser le travail actuel et à en parler en toute généralité. Même si les anciennes représentations tenaient largement du mythe, elles constituaient des points de repère permettant l'identification ou la différenciation. Désormais, il n'y a plus d'icône du travail, mais une diffraction perturbante. Une seule image, faute de mieux, commence à s'imposer : un homme ou une femme assis devant un écran d'ordinateur. Cette représentation cache plus qu'elle ne dit. On remarque que, dans bien des cas, l'habillement n'est pas spécifique au travail, dans de nombreuses professions, il n'y a plus d'habit particulier. On remarque également que la position assise est devenue une position de travail alors que les anciennes représentations montraient toujours les travailleurs debout, la position assise étant considérée comme une position de repos. Quant à l'ordinateur c'est un objet passe-partout et polyvalent qui a depuis longtemps envahi le quotidien, passant de la sphère du travail à la sphère domestique, y compris pour le loisir. Seul l'environnement permet éventuellement de juger si la personne ainsi représentée est ou non au travail et peut-être de savoir en quoi celui-ci consiste mais ce n'est pas sûr. Des activités aussi diverses que le journalisme, l'assurance, la conduite d'installations pétrolières ou de hauts-fourneaux se réalisent assis, en habits de ville, à partir d'un terminal d'ordinateur. Ce qui peut les différencier, le logiciel utilisé, n'est pas visible. Il y a un paradoxe dans la confrontation entre le caractère universel de cette représentation quasi abstraite et l'extrême diversification du travail.

Le travail humain a évolué dans le sens d'un éloignement croissant de la matière qu'il transforme ou des personnes auxquelles il s'adresse. Cet éloignement qui caractérise un grand nombre d'activités rend difficile leur représentation. Le développement du machinisme avait, avec le remplacement des outils par des machines, introduit une première médiation entre le travailleur et la matière. Il restait toutefois le contact direct avec la machine et une proximité visuelle avec la matière. Aujourd'hui, c'est le contact avec la machine elle-même qui se perd. Le travail passe par la médiation d'un terminal d'ordinateur qui pilote et contrôle les machines. Les opérations sont représentées sur des écrans par des icônes ou des voyants. Il faut cependant se garder de parler, comme on le fait souvent, de dématérialisation. Il y a certes perte de contact, invisibilité des processus à l'œuvre, mais des transformations physiques s'opèrent néanmoins, des machines sont mobilisées, les commandes sont activées par des signaux électroniques. On assiste à un processus d'abstraction et d'intermédiation plutôt que de dématérialisation. Cette tendance qui se généralise dans l'industrie s'exerce également, à moindre échelle dans certains services, via les télécommunications. En outre, le même dispositif technique peut être utilisé indifféremment pour le travail ou pour des activités de loisirs, au point que les entreprises interdisent les usages non professionnels des ordinateurs sur les lieux de travail, sans parvenir à les empêcher totalement.

À l'inverse, l'ordinateur domestique, si ce n'est le portable fourni par l'entreprise, peut servir à travailler au domicile, hors du temps officiel de travail. Par l'ordinateur et tout ce qu'il personnifie, les frontières du travail deviennent poreuses. Le travail en tant qu'activité spécifique se délocalise, au sens où il n'est plus géographiquement situé ou assigné à résidence dans un lieu donné. Un des traits essentiels de la révolution industrielle, l'assignation d'un espace et d'un temps distincts pour le travail, clairement séparés de l'espace et du temps domestiques, est ainsi partiellement remis en cause. Le développement des technologies numériques et de communication permet d'exercer certaines activités n'importe où et à n'importe quelle heure, isolément, sans lien immédiat avec un collectif et de commander à distance, y compris à l'autre bout du monde, des processus productifs. La nécessaire coordination, s'il s'agit d'une activité collective, s'opère alors par rendez-vous téléphoniques et par échanges de courriers et de fichiers électroniques. Cette façon de procéder contribue à atténuer ce qui distingue le travail des autres activités.

L'image la plus représentative du travail actuel serait donc celle d'une personne, homme ou femme, assise devant un écran, en habits ordinaires, dans un lieu banal, habits et lieux étant indifférents à la représentation. Nous sommes là à l'opposé de l'image d'Épinal dont tous les éléments concourent à signifier un métier particulier. Dans cette nouvelle image, au contraire, rien n'est signifiant. Voilà qui nous confronte à l'impossibilité d'une représentation visuelle du travail, sauf à reprendre des images du passé qui ne correspondent plus à la réalité du travail actuel. On imagine mal en effet représenter le travail aujourd'hui en montrant un boulanger ou même un mécano, mais représenter quelqu'un devant un ordinateur est à peine plus satisfaisant. Force est donc de constater qu'aucune image de travailleur n'est capable de rendre compte de sa singularité et, partant, d'illustrer le travail en général.

Cette difficulté de représentation va au-delà de l'illustration par l'image, elle touche aussi le langage. Autant il pouvait être aisé pour un boulanger, un plombier ou un employé du Trésor public d'expliquer son travail, autant cela semble difficile, voire impossible pour certaines activités nouvelles en raison de leur caractère abstrait et de leur haute technicité, impénétrable pour des profanes, même en ce qui concerne des métiers désormais aussi répandus que celui d'informaticien. Prenons le cas d'un informaticien de haut niveau dont l'intitulé exact de la fonction est « ingénieur en calcul parallèle », ce qui ne signifie rien pour la plupart des gens. Quel est le travail de notre homme qui reconnaît qu'il ne parvient pas à expliquer exactement son activité aux non-initiés ? Selon ses propres termes, son travail « consiste à structurer un logiciel de simulation de crash utilisé dans l'industrie automobile », sa contribution précise contribue à faire tourner ce logiciel « le plus efficacement possible sur tout type d'ordinateurs utilisés actuellement et à répartir le calcul sur plusieurs processeurs pour diminuer le temps nécessaire à l'obtention des résultats de la simulation ». Lui-même n'utilise pas le logiciel qu'il élabore, il le met à la disposition des ingénieurs de l'industrie automobile avec lesquels il communique pour en expliquer le fonctionnement, en éliminer les défauts (*bugs*) et l'améliorer. Le photographier au travail ne donnerait aucune indication sur son activité exacte tandis que ses explications techniques n'ont de sens que pour une poignée de spécialistes.

Les métiers qui ont connu le plus fort déclin au cours des dernières décennies étaient les plus aisément représentables : activités agricoles, industrielles et artisanales. Ceux qui ont enregistré la plus forte croissance sont en revanche, pour la plupart, difficiles à représenter ou en décalage avec la représentation habituelle du travail, introduisant de ce fait une dissonance qui brouille l'image du travail. Que ce soit le travail de l'ouvrier ou de l'agriculteur du XXe siècle, ses traits distinctifs par rapport à d'autres activités humaines tiennent à son lieu d'exercice, l'usine ou les champs, et à son éloignement temporel et spatial des autres activités. Il en va autrement des services aux personnes à domicile et des métiers de loisirs. Les services rendus aux personnes à domicile – garde d'enfants, entretien de la maison, aide aux personnes âgées dépendantes – ressemblent au travail domestique et sont difficilement identifiables en tant que travail dans la mesure où ils s'exercent dans l'espace domestique. Le travail lié aux loisirs soulève un autre problème : ce sont les loisirs que l'on voit, pas le travail. L'opposition entre travail et loisirs est si fortement ancrée en nous que leur proximité suscite le trouble et amène à masquer le travail. Qui voit par exemple sur une photo de sports d'hiver les employés des remontées mécaniques ?

Dans cette civilisation qu'on dit de l'image, les difficultés d'une représentation claire et lisible sans ambiguïté du travail posent un problème considérable. Ne pas représenter le travail ne paraît pas pensable, cela reviendrait à nier son existence. La télévision est confrontée à cette difficulté lorsqu'elle doit évoquer le travail, dans les informations, les documentaires ou même les fictions. Comment fait-elle ? Ce sont souvent les marges du travail qu'elle montre, plus que le travail lui-même, soit les entrées ou sorties de bureaux ou d'ateliers, soit, dans les fictions, les discussions à la cantine ou devant la machine à café. Les seules exceptions, hors du travail artisanal aisément représentable, concernent les activités facilement scénarisables, en particulier le travail des policiers, des juges ou des chirurgiens. Mais c'est leur dimension spectaculaire qui est montrée, rarement les activités de routine et la partie administrative.

Notre représentation du travailleur en action oscille entre deux pôles opposés, d'un côté celui peuplé par les réminiscences d'un passé révolu, du paysan et du métallurgiste et, de l'autre, celui d'une activité abstraite, sans consistance, semblant n'exiger aucune dépense d'énergie, parfois même quasi ludique. Avec le passé sont convoquées l'idéalisation de la force virile et du risque professionnel, la morale rédemptrice de la pénibilité et l'exaltation de l'effort physique. Au présent, il semble que toute inscription matérielle précise et tout effort physique ou intellectuel aient disparu et que l'essentiel se passe en allers-retours entre un ordinateur, un téléphone et une machine à café, lieu de pause et de détente, mais aussi de communication entre collègues. Cette oscillation entre visions du passé et difficulté de représentation du travail concret contrarie la compréhension de la réalité présente du travail et donne lieu à des discours contradictoires et décalés. Les uns exaltent avec nostalgie la dureté du travail d'autrefois, les autres, au contraire, ne retiennent dans le travail actuel que sa dimension immatérielle abstraite ou essentiellement relationnelle.

Devant ces difficultés de représentation, il n'est pas étonnant qu'on ait tendance à s'accrocher à des images et des discours du passé : la droite évoque la dureté du travail et l'effort, tandis que la gauche continue à magnifier les luttes ouvrières et les manifestations en bleu de chauffe dont elle se proclame l'héritière. Mais, sauf au cinéma, c'en est fini de *Germinal*, le travail aujourd'hui c'est tout autre chose. Qu'il demeure parfois encore un labeur, qu'il puisse être physiquement pénible, c'est vrai pour quelques millions de salariés, mais une proportion croissante d'actifs échappe à cette malédiction biblique, sans pour autant avoir franchi les portes d'Éden.

La diversité, la complexité et la dématérialisation visible du travail interdisent d'en proposer une représentation fondée sur les images héroïques du siècle dernier. La réalité présente dont il faut s'efforcer de prendre la mesure ne donne pas accès à une représentation générale, elle nous fait obligation d'en rendre compte dans des termes nouveaux, autres que ceux qui ont résonné dans les meetings de la campagne des élections présidentielles. L'impossibilité d'une représentation simple ne doit pas entraîner le renoncement à toute représentation mais la recherche d'un autre type de représentation donnant toute sa place à la complexité. Pour le dire autrement, c'est moins le travail qu'il faut représenter que son évolution et ses contradictions. Pour aborder le travail aujourd'hui il faut oublier la peine, mais donner à voir le stress, mesurer les limites de l'autonomie et ses risques, insister sur l'importance de la relation de service, des communications et des compétences cognitives et intellectuelles.

La difficulté de représentation du travail n'est pas la seule à laquelle on se heurte lorsqu'on prétend parler du travail de manière générale. S'y ajoute une difficulté d'ordre sémantique. Dès que l'on prononce ou écrit le mot « travail », un mot pourtant banal, c'est une foule de significations qui surgit. Le mot « travail » est employé à tort et à travers – ne parle-t-on pas maintenant de travail de deuil ?

La complexité sémantique du terme « travail » se déploie dans quatre dimensions. Elle recouvre tout d'abord plusieurs objets distincts mais fortement liés entre eux tels que travail et emploi, deux termes qu'on emploie souvent l'un pour l'autre. En deuxième lieu, le travail est à la fois contraignant et même parfois pénible mais aussi une source de satisfaction et un moyen de réalisation personnelle. On entretient tous de ce fait une relation ambivalente avec le travail. Un troisième élément de complexité vient de l'extrême diversité du travail concret. Enfin, quatrième dimension, celle subjective des multiples expériences individuelles.

Distinguons d'abord emploi et travail. Un emploi est un statut dans une organisation productive. On peut être sans emploi, c'est le cas des chômeurs, mais accomplir cependant un travail, soit « au noir », soit, plus souvent, non rémunéré, comme le travail domestique. Il faut distinguer également travail et activité. Toute activité n'est pas du travail, puisque le loisir est une activité. D'autres activités ne peuvent pas non plus être qualifiées de travail, par exemple l'entretien de son propre corps. *A contrario*, certaines formes de travail, comme le gardiennage de nuit, impliquent une grande part d'inactivité. Le travail, tel qu'on l'entend aujourd'hui, se caractérise à la fois par une dépense d'énergie, par un type d'activité et par un cadre social d'exercice porteur de règles et de contraintes. C'est la combinaison de tous ces aspects qui est constitutive du travail.

A priori, toute activité humaine, dès lors qu'elle produit un bien ou un service ayant une valeur socialement reconnue, qu'elle soit ou non marchande, peut ou devrait être considérée comme du travail. Plusieurs formes de travail répondent à cette définition : le travail salarié, le travail indépendant rémunéré, le travail bénévole, le travail domestique et toutes les formes de travail forcé, rémunérées ou non.

Bien qu'il soit autonome et qu'il ne soit pas soumis à une obligation hétéronome de rendement, le travail domestique obéit à de fortes contraintes et possède une utilité indéniable. Selon les estimations de l'INSEE, les personnes âgées de plus de 15 ans, qu'elles soient ou non en emploi, consacrent en moyenne les quatre dixièmes de leur temps total de travail au travail professionnel et le reste au travail domestique. Les hommes ayant un emploi consacrent près du quart de leur temps de travail au travail domestique, ce pourcentage atteint 45 % chez les femmes. Le travail bénévole, bien que moins important, n'est pas négligeable. En France, il représentait en 2002, selon l'INSEE, environ 820 000 emplois à temps plein.

Une activité rémunérée, quelle qu'elle soit, peut être considérée comme un travail mais la même activité, non rémunérée, n'est pas nécessairement

un travail. Comment alors différencier le travail ?
Par un critère en grande partie subjectif : le type de
contrainte imposée. La question se pose notamment pour les activités artistiques et sportives. Un
sportif professionnel, tennisman ou footballeur, travaille lorsqu'il s'entraîne ou lorsqu'il livre un match.
C'est bien comme cela que le ressent Steve Savidan,
footballeur professionnel, avant-centre du stade
Malherbe de Caen : « C'est un boulot à part entière.
Déjà on fait plus de trente-cinq heures. On est loin
de chez soi deux jours par semaine. On travaille
pendant les vacances scolaires […] J'ai voulu poser
un congé parental à la naissance de Joris. On ne m'a
pas laissé le choix [1]. » En revanche, une partie de
tennis avec des amis est un loisir car les contraintes
propres au jeu sont librement consenties et aucune
rémunération n'en résulte. L'obligation peut être
dictée par la nécessité, cela vaut pour une grande
partie des activités domestiques : faire le ménage, la
cuisine, la vaisselle. Cela vaut aussi pour une bonne
partie des activités dites de bricolage.

Et la formation ? Peut-on considérer qu'apprendre
est un travail ? On parle de travail scolaire et nul
doute que, pour les enfants et les étudiants, cela
relève de la contrainte. Là aussi, le caractère

1. Interview réalisée par Olivier Joly pour *Le Journal du dimanche* du 19 octobre 2008.

d'obligation permet de distinguer entre ce qui constitue du travail au sens habituel du terme et ce qui n'en est pas. Selon ce critère, le travail scolaire serait bien un travail, même s'il n'est pas rémunéré mais porteur d'un rendement ultérieur qui donne lieu à un calcul économique des intéressés. Cependant, si la formation continue au sein des entreprises est généralement considérée comme partie intégrante du temps de travail et rémunérée comme telle, le sens commun exclut le travail scolaire ou universitaire du travail proprement dit. Il serait temps de remettre en cause cette exclusion à une époque où une part croissante du travail professionnel consiste à se former et s'informer.

Même en retenant une définition restrictive du travail, qui exclut notamment le travail scolaire ou de formation au sens large, et ne conserve que le sens d'activité rémunérée soumise à contrainte, une grande diversité demeure. Le travail c'est aussi bien le cours du professeur de philosophie, le récital de la pianiste, l'opération du chirurgien, l'activité gestionnaire du directeur d'entreprise que la répétition des mêmes opérations par l'ouvrier sur une chaîne de montage automobile et l'activité de la caissière de supermarché. Le spectre est immense, d'où la difficulté d'une approche globalisante. En outre, un même poste de travail peut susciter des expériences différentes pour des raisons qui ne relèvent pas nécessairement des conditions de travail mais des personnes elles-mêmes et de leur appréhension personnelle et momentanée du travail.

Tout travail porte en soi une part de sacrifice et de contrainte et impose des exigences, quelles que soient les conditions dans lesquelles il s'exerce, y compris lorsqu'il est totalement autonome. Mais en même temps, tout travail, y compris le plus pénible, est potentiellement porteur de satisfaction et de réalisation de soi. Nous voilà dans une situation d'ambivalence. On peut aimer son travail mais préférer faire autre chose ou au contraire trouver des aspects positifs à un travail pénible et peu intéressant tel que celui des caissières de supermarché, comme le montre Isabelle Ferreras[1]. Aucun travail n'est exempt d'exigence et de contrainte mais aucun n'est non plus sans apporter de satisfaction. Lorsqu'ils s'expriment sur le travail, les gens mettent l'accent tantôt sur un aspect, tantôt sur l'autre. Il n'y a donc rien d'incohérent pour un individu donné à déclarer que le travail est important dans la vie tout en déplorant, à partir de son expérience, ses insatisfactions voire sa souffrance.

Quand on interroge les Français sur le sens qu'ils donnent à la notion de travail, on constate un

---

1. *Critique politique du travail,* Les Presses de Sciences-Po., Paris, 2007.

clivage entre deux camps à peu près égaux : d'une part ceux pour lesquels c'est « un moyen pour les individus de s'épanouir », d'autre part ceux qui considèrent que c'est « une contrainte nécessaire pour subvenir à ses besoins[1] ». La répartition des réponses est la même chez les femmes et chez les hommes, en revanche, elle diffère selon l'âge. Les plus jeunes et les plus âgés, dans leur majorité, voient le travail comme un moyen d'épanouissement (64 % des 18-24 ans et 61 % des plus de 65 ans). Entre les deux, la proportion de ceux qui considèrent le travail comme un moyen d'épanouissement décroît avec l'âge. Ainsi, c'est quand on ne travaille pas encore ou qu'on débute dans la vie professionnelle et quand on a cessé de travailler qu'on porte un regard positif sur le travail. L'expérience du travail et de ses inconvénients conduit à mettre l'accent sur les contraintes dont il est porteur. Les réponses se différencient nettement selon la profession exercée, le niveau de diplôme et la préférence partisane. Le fait d'être fortement impliqué dans son travail, d'être autonome, d'accomplir des tâches à caractère intellectuel et d'avoir de bonnes conditions de travail incite à en retenir l'aspect épanouissant. En revanche, des conditions de travail plus difficiles et une faible autonomie

1. Sondage Ifop pour *Acteurs publics*, juillet 2006.

amènent à ressentir le travail surtout comme une contrainte.

Deux conceptions s'opposent depuis bien long-temps, l'une qui exalte le travail, l'autre qui l'exècre et qui célèbre l'oisiveté. Ce clivage ne recoupe nul-lement celui qui oppose la droite et la gauche, les conservateurs et les progressistes, les croyants et les agnostiques.

Cependant les discours exaltant le travail comme ceux qui en dévoilent les aspects les plus noirs ont pour principal tort d'être unilatéraux. Qu'elles en soulignent les contraintes ou les capacités d'épa-nouissement, ces approches considèrent rarement ces deux aspects de manière conjointe et dans leur interaction. On a affaire à l'affrontement de deux idéologies qui ne parviennent pas à envisager le tra-vail dans sa totalité.

Si on veut bien prendre en compte que le travail comporte nécessairement des contraintes et exige un renoncement à l'oisiveté mais que, tout en rele-vant de la nécessité, il apporte des satisfactions cer-taines, on peut développer une approche plus réaliste et plus pertinente du travail concret. Recon-naître les contraintes ne signifie pas accepter n'importe quelles conditions de travail mais peut déboucher sur une démarche d'amélioration des conditions de travail. En revanche, considérer le travail comme une malédiction à laquelle il faut se soustraire autant que possible amène à déserter cette scène, considérant qu'il n'y a rien à en attendre.

Les critiques radicales des pourfendeurs du travail comme les mantras des dévots du labeur partent d'une même vision dont ils tirent des conclusions opposées. Les uns comme les autres s'accordent sur l'aspect sacrificiel du travail et ne prennent en compte que le seul travail rémunéré et contraint. Toute autre activité qui ne donnerait pas lieu à une contrepartie monétaire ou qui se déroulerait hors de toute obligation ne serait pas du travail et donc elle ignorerait, entre autres, le travail domestique et le travail bénévole.

Les nouvelles formes du travail nous convient à élargir notre conception. Les activités de formation, d'information et de communication, dès lors qu'elles ont une finalité productive même indirecte, devraient être intégrées au travail. Bien que difficilement audible, un discours qui prendrait en compte les visions opposées et la complexité dont la notion de travail est porteuse peut trouver un écho car il rejoindrait l'expérience concrète de chacun.

V.

Le travail entre attachement
et désenchantement

Les belles phrases sur la valeur travail ciselées par Henri Guaino et interprétées par Nicolas Sarkozy en 2007 étaient au diapason de ce que ressentaient et pensaient une majorité de Français et faisaient écho à leurs inquiétudes sur la perte de substance du travail. Ce discours est arrivé à point nommé pour rassurer ceux qui avaient perdu confiance dans l'avenir du travail. Malgré cela, les évolutions actuelles de l'environnement économique et technologique suscitent de grandes inquiétudes. Il serait tout aussi irréaliste de nier l'importance objective et subjective du travail que de se voiler la face devant le désenchantement relatif qui le touche.

Deux visions de la relation au travail s'opposent. Pour les uns, le travail demeure une valeur centrale fortement investie et contribue à l'équilibre et au bonheur. Pour les autres, un malaise grandissant éloigne les gens du travail et les amène à se désinvestir, au point qu'ils ne pensent plus qu'à organiser leurs congés ou à préparer leur retraite. Ces deux visions opposées peuvent l'une et l'autre se prévaloir de témoignages, de reportages, d'enquêtes et d'analyses solides. Aucune n'est totalement fausse ni totalement juste. Cela reflète certes l'ambivalence générale vis-à-vis du travail, à la fois recherché et rejeté. Mais cette ambivalence ne peut rendre compte de l'évolution du rapport au travail. Le malaise dont témoignent la montée des considérations négatives et la baisse de l'investissement devrait pouvoir s'expliquer par les particularités de la période actuelle.

Malgré le développement des loisirs et du temps libre, le travail occupe toujours une place centrale dans la vie quotidienne. Cette centralité peut se mesurer dans la durée qui lui est consacrée comme dans sa position dans les principaux cycles temporels : journée, année, cycle de vie. Il demeure également au centre des préoccupations et des investissements individuels et collectifs. En France, malgré les réductions de la durée du travail opérées à partir de 1981, le travail occupait encore, en 2008, selon la norme en vigueur, trente-cinq heures par semaine, 1 607 heures par an sans compter les éventuelles heures supplémentaires et quarante années d'une vie, un peu plus ou un peu moins selon les cas. Soit bien moins qu'il y a cinquante ans. Bien qu'il accapare moins de temps, le travail reste au premier plan de nos préoccupations, non seulement parce qu'il procure un revenu, mais aussi parce qu'il structure notre calendrier, qu'il élargit le cercle des relations sociales et qu'il est rarement totalement dépourvu d'intérêt et peut même être passionnant, malgré ou à cause des efforts qu'il exige et des désagréments qu'il peut occasionner.

Enquêtes et sondages le confirment, le travail demeure une valeur forte. En 2005, neuf Français sur dix estiment qu'il est essentiel pour trouver sa place dans la société[1]. Et ils sont huit sur dix à penser qu'il est également essentiel pour s'épanouir personnellement. Dans leur grande majorité les Français attribuent donc au travail une dimension sociale de premier plan et ils sont presque aussi nombreux à souligner son importance d'un point de vue individuel. Un tel niveau d'approbation ne prête guère à contestation. On pourrait dresser une longue liste de sondages qui confirment cette valorisation. Travailler est non seulement considéré comme un moyen privilégié d'intégration sociale mais, plus que cela encore, comme une nécessité, voire une obligation morale et sociale. En 2005, selon l'enquête

1. Enquête TNS Sofres.

citée, les trois quarts des Français désapprouvent l'avis selon lequel « les gens ne devraient pas être obligés de travailler s'ils ne le souhaitent pas ». Ils sont encore plus nombreux, soit plus de huit sur dix, à rejeter l'idée qu'il « faudrait que l'on aille vers une société où il ne serait plus nécessaire de travailler ». Ce n'est donc pas seulement au nom de la nécessité que le travail est plébiscité, ni uniquement pour des raisons d'équité que l'opinion majoritaire considère le travail comme une obligation, c'est parce qu'elle le voit tel un moyen d'épanouissement personnel dont il n'est pas envisageable de se passer. Voilà qui remet les pendules à l'heure par rapport aux antiennes sur la fin du travail et l'apologie de la paresse. Que tous les augures qui ont déploré la décadence de la valeur travail, signe parmi d'autres du déclin de la France, voire de l'Europe, se rassurent, si toutefois ils ne préfèrent pas se complaire dans les registres lugubres. En promettant de remettre « le travail au centre de la société », Nicolas Sarkozy a joué sur du velours. Cependant quelques sondages au beau fixe ne sauraient suffire à conjurer complètement toutes les craintes d'une possible dégradation de la valeur attribuée au travail. Il serait bien léger de s'en contenter.

On peut reprocher à ce type de sondage de ne laisser aux personnes interrogées qu'un choix des plus restreints, de n'admettre aucune nuance dans les réponses et de n'autoriser aucune spontanéité permettant à d'autres valeurs ou centres d'intérêt d'apparaître.

Une étude déjà ancienne s'était penchée sur le rapport entre travail et bonheur. L'enquête « Travail et modes de vie » de 1997 demandait tout simplement : « Qu'est-ce qui est pour vous le plus important pour être heureux ? » Selon la majorité des personnes, ce n'est pas le travail qui contribue le plus au bonheur, c'est d'abord la santé (46 %) puis la famille (31 %), rien d'étonnant à vrai dire ! Le travail n'était cité que par un peu plus d'un quart des personnes[1]. Plus récemment, une enquête auprès des cadres trentenaires aboutissait au même classement. Le travail arrivait en deuxième position avec 40 % des suffrages, derrière la famille (86 %)[2]. Dans l'une ou l'autre enquête le score du travail atteste de son importance, en particulier parce que les catégories qui le citent le plus sont celles qui en manquent, c'est-à-dire les chômeurs, ou celles dont le statut d'emploi est précaire. Ainsi, parmi les ouvriers de moins de trente-cinq ans au chômage ou ayant un emploi temporaire, près de sept sur dix évoquent le travail. Les catégories plus favorisées,

---

1. Enquête de Christian Baudelot et Michel Gollac, 1997.
2. Enquête Louis Harris, juin 2003.

avec un emploi stable et bien rémunéré, privilégient d'autres composantes du bonheur comme la santé, la famille ou les revenus. Le travail est d'autant plus mentionné qu'il est absent ou menacé. Avoir un travail assuré permet de mettre en avant d'autres sources de bonheur, en manquer fait ressortir toute son importance. Manquer de travail nuit gravement au bonheur. Une enquête européenne avait recueilli à peu près les mêmes scores et le même classement des éléments concourant au bonheur : famille en tête et travail en deuxième position. La France, contrairement à ce qu'on entend souvent, n'est pas un pays qui n'aime pas le travail. En effet, sept Français sur dix (69 %) considèrent que le travail est important, soit nettement plus que la moyenne des Européens [1].

C'est une chose de s'exprimer sur le travail en général et de considérer qu'il est important dans la vie, c'en est une autre que de se dire pleinement satisfait de son travail et épanoui. Un sondage CSA pour le magazine *Challenges* de décembre 2005 pose une question plus concrète : « Êtes-vous actuellement heureux ou pas heureux dans votre travail ? » Plus de quatre personnes sur cinq répondent qu'elles sont heureuses (81 %) contre 16 % qui répondent l'inverse. Par rapport à un précédent

1. European Values Survey, 1999.

sondage de juillet 2003, le pourcentage de gens heureux a baissé de 8 points mais reste néanmoins très élevé. Pour une forte majorité de Français, l'importance accordée au travail est donc en cohérence avec l'appréciation de leur propre situation.

Pour résumer ce que nous apprennent ces sondages et enquêtes, on peut dire que si le travail compte moins pour le bonheur que la santé et la famille, il y contribue fortement et qu'il occupe une place centrale dans la vie individuelle et sociale. Pour autant on ne peut se sentir totalement satisfait de ce constat où demeurent des zones obscures. On sait bien que le tableau n'est pas aussi rose que cela.

Sondages et enquêtes délivrent une image contrastée du travail en fonction des questions abordées et des angles de vision. Selon les besoins de la démonstration et les *a priori* des auteurs, c'est soit la face noire, soit la face dorée qui est privilégiée alors que les appréciations recueillies dans les enquêtes sont à la fois d'ombre et de lumière. Selon une étude conduite en 2005, les Français reconnaissent l'importance du travail : 64 % considèrent qu'il est un élément déterminant pour se sentir utile. Mais, malgré cela, six sur dix mentionnent des aspects négatifs[1]. Chez les seuls salariés, le pourcentage est un peu plus faible mais dépasse néanmoins

---

1. Institut Manpower, 2006.

50 %. Parmi les perceptions négatives, on relève le mécontentement, la crainte et le découragement qui touchent deux salariés sur dix. On note une certaine inquiétude, que ce soit à propos des conditions dans lesquelles le travail s'exerce aujourd'hui que de la place qui lui est reconnue dans la société. Beaucoup craignent les évolutions en cours et pensent que la notion de travail a évolué de façon négative par rapport à la génération précédente. Ce sentiment est partagé par la moitié des personnes. Dans leur majorité les Français sont pessimistes sur l'évolution de la valeur travail. Près de neuf salariés sur dix (85 %) adhèrent à l'opinion selon laquelle le travail est quelque chose qui perd de la valeur et que l'on respecte de moins en moins[1].

Considérant que le travail n'est pas ce qui est le plus important dans la vie, pessimistes quant à ce que leur réserve l'avenir, les Français sont moins de trois sur dix (28 %) à se dire prêts à consentir des sacrifices dans leur vie personnelle pour mieux réussir leur vie professionnelle (contre 63 % en 1989)[2]. Ce désinvestissement touche même les cadres dont un tiers seulement, en 2004, accepterait de faire des sacrifices alors qu'ils étaient deux fois plus nombreux en 1989. Le désenchantement et la diminu-

1. Étude TNS Sofres, 2003.
2. TNS Sofres Cap Gemini, 2005.

tion du degré d'investissement dans le travail se nourrissent d'une perception négative de l'environnement professionnel et des conditions de travail. Neuf salariés sur dix estiment que les gens souffrent davantage du stress qu'il y a quelques années ; quatre sur dix déclarent subir souvent à titre personnel « une tension nerveuse très forte au travail » et ils sont aussi nombreux à avoir « l'impression de manquer de temps pour faire ce qu'ils ont à faire[1] ».

En outre, les Français craignent que l'évolution de la société n'amène une baisse de la valeur attachée au travail dont ils perçoivent déjà des signes avant-coureurs. Ils ont l'impression que la valeur subjective du travail comme ses conditions objectives se dégradent. Malgré le prix qu'ils attachent au travail, ils semblent déjà mesurer leur investissement comme s'ils craignaient de n'être pas suffisamment payés en retour.

Trois raisons sont communément évoquées pour expliquer pourquoi les Français prennent leurs distances vis-à-vis du travail et se montrent inquiets pour son avenir : la réduction de la durée hebdomadaire du travail à trente-cinq heures, le chômage et la dégradation des conditions de travail. Mais le mal ne vient pas de là, il est plus profond en vérité et réclame, pour en débusquer les causes, un

---

1. Sondage Sofres pour la CGC, avril 2000.

diagnostic précis. Ce n'est pas l'attachement à la valeur travail qui est en cause. Celui-ci ne diminue pas, enquêtes et sondages l'attestent. En revanche, à écouter la plupart des chefs d'entreprise, petites ou grandes, l'investissement dans le travail concret baisse, y compris parmi les cadres, autrefois gardiens sourcilleux des valeurs de l'entreprise. Selon eux, les jeunes ne penseraient plus qu'à leurs congés, les seniors à leur retraite et les autres mesureraient leur engagement au plus juste. On serait tenté d'y voir la complainte passéiste de personnes âgées qui n'ont pas vu le monde changer sur l'air bien connu du « c'était mieux avant, tout fout le camp ! ». Ce serait se méprendre. Le malaise que perçoivent les chefs d'entreprise comme celui dont se plaignent les salariés est réel bien que mal circonscrit. Que le travail change, que les exigences des entreprises ou des clients se transforment, cela ne fait aucun doute. Mais nous n'avons pas complètement pris la mesure de ces transformations qui ne sont pas clairement explicitées. C'est ce défaut de compréhension des changements en cours et la rémanence d'une vision dépassée du travail plus que le changement lui-même qui peuvent expliquer le trouble actuel.

La réévaluation de la vie personnelle ne signifie pas pour autant un complet désinvestissement de la sphère professionnelle. Il y avait deux réponses possibles au sondage déjà évoqué : « je suis prêt à consentir des sacrifices dans ma vie personnelle pour réussir ma vie professionnelle » et « je ne suis pas prêt à faire des sacrifices dans ma vie personnelle pour réussir ma vie professionnelle ». Trois personnes sur dix font la première réponse contre sept sur dix qui optent pour la seconde. Ce qui est en jeu dans ce questionnement n'est donc pas le niveau d'investissement dans la vie professionnelle mais l'arbitrage entre vie personnelle et vie professionnelle. L'évolution constatée témoigne d'une réévaluation de la vie personnelle et familiale qu'il faut relier à l'augmentation de la proportion de femmes parmi les salariés ainsi qu'à un changement général d'attitude des hommes vis-à-vis de leur vie personnelle.

Par ailleurs l'attrait de l'entreprise a baissé pour des raisons qui tiennent à l'évolution récente de son image auprès des salariés. Les études et sondages sur cette question montrent que les causes de cette désaffection sont multiples. On peut en repérer au moins quatre : baisse de confiance, impression de non-reconnaissance, sentiment d'insécurité et perception d'une dégradation de la situation.

En 2004, un peu plus de deux salariés sur dix disaient faire confiance aux chefs d'entreprise contre près de quatre sur dix (37 %) en 1997[1], tandis qu'un quart se disait attaché à l'entreprise alors qu'ils étaient un tiers en 1997. Plutôt que d'une baisse de l'investissement dans l'entreprise il faudrait parler d'une perte de confiance dans les dirigeants d'entreprise. La détérioration des conditions d'emploi depuis deux décennies en lien avec la mondialisation (licenciements, délocalisations, menaces pesant sur la plupart des secteurs d'activité) explique cette attitude. Le sentiment d'insécurité des salariés du secteur concurrentiel s'accroît dans un contexte économique perçu comme chaotique. Selon le même sondage TNS de 2004, la moitié des salariés ont éprouvé un sentiment de menace ou se sont sentis fragilisés dans une période récente. Près de quatre sur dix admettent avoir douté de leur valeur professionnelle. Ils sont autant à s'être sentis menacés dans leur emploi, deux sur dix ont connu une période de chômage et ils sont un peu plus à avoir été touchés par la fusion ou le rachat de leur entreprise (la proportion est d'un sur trois dans les grandes entreprises). Rien d'étonnant dans ces conditions à ce qu'ils craignent pour l'avenir de leur emploi, y compris dans les entreprises qui paraissent les plus sûres. Le risque économique ne favorise pas la confiance. L'incertitude n'incite

1. TNS Cap Gemini, « À l'écoute des Français au travail ».

pas à se projeter dans l'avenir et à consentir des efforts. À quoi bon, si on court le risque de perdre son emploi demain pour cause de dégraissage des effectifs, de fusion ou de dépôt de bilan ! Les exemples de tels licenciements ne manquent pas. Par rapport aux menaces qui pèsent sur l'emploi, la communication des entreprises, l'appel à la mobilisation des énergies tombent à plat. Les salariés savent bien qu'ils seront sacrifiés à la moindre difficulté et que rien ne les protège de la concurrence extérieure. L'annonce quotidienne de fermetures de sites industriels et de licenciements les confirme dans l'idée qu'il n'y a aucune sécurité d'emploi. Comment voudrait-on dans ce contexte qu'ils se sentent confiants dans la capacité de leur entreprise à maintenir leur emploi ?

Par ailleurs, les salariés considèrent dans leur majorité que leur situation se dégrade. Alors que quatre sur dix considéraient en 1989 que « la situation des salariés comme nous » allait en s'améliorant, ils n'étaient plus que 15 % en 2004. À l'inverse, la proportion de ceux qui notaient une dégradation était passée de 33 % à 41 %[1]. Cette montée d'un sentiment de dégradation ou de non-amélioration de leur situation, liée à des épisodes menaçants ou déstabilisants, a certainement contribué à réduire

1. « À l'écoute des Français au travail », 2004.

leur niveau d'investissement ou à tout le moins à les rendre plus méfiants vis-à-vis de leurs dirigeants. Le malaise est d'autant plus fort qu'ils connaissent les difficultés d'un retour à l'emploi et la perte de revenu due au chômage.

Et pourtant, bien qu'ils reconnaissent limiter leur investissement, les salariés continuent de s'impliquer dans leur travail. Près d'un salarié sur deux (48 %) estime s'impliquer beaucoup dans son travail, et 47 %, suffisamment[1]. Quatre sur dix considèrent qu'ils s'impliquent plus qu'il y a quelques années. Ils ne sont que 18 % à estimer qu'ils s'impliquent moins. En apparence, ces résultats sont en contradiction avec ceux de l'enquête citée plus haut faisant apparaître une baisse de l'investissement. En apparence seulement. Les questions posées ne sont pas les mêmes et ne peuvent donc mesurer tout à fait la même chose. Dans un cas on demande aux salariés s'ils sont prêts à sacrifier leur vie personnelle, dans l'autre, s'ils s'impliquent dans leur travail. La confrontation des deux sondages montre que les salariés estiment que l'investissement dans le travail ne doit pas se faire au prix de leur vie personnelle. Ils remettent le travail à sa place en lui assignant un rôle plus limité. On assisterait donc non pas à un désinvestissement vis-à-

1. Baromètre Accor Services-Ipsos, 2004.

vis du travail dont l'importance demeure reconnue, mais à une prise de distance vis-à-vis de l'entreprise et de ses dirigeants et à un refus de sacrifier sa vie personnelle.

Les entreprises ne peuvent exiger de leurs salariés qu'ils s'investissent dans leur travail que si elles veillent à leur assurer des conditions de travail décentes et à réduire la pénibilité, qu'elle soit physique ou psychique. L'époque où la pénibilité et le risque pouvaient nourrir la fierté des ouvriers comme dans les mines ou le bâtiment est révolue. Plus personne n'accepte de mettre en danger sa vie ni même sa santé au travail. Il est donc nécessaire et urgent de civiliser le travail pour le rendre acceptable et compatible avec le niveau de confort exigible dans une société développée disposant de toutes les ressources apportées par le développement des sciences.

Sur le long terme, la mondialisation est irréversible, elle générera une concurrence plus intense porteuse d'incertitude sur l'emploi. Dans ce contexte, le rétablissement d'un sentiment de sécurité ne peut relever uniquement des entreprises. Il exige toutefois que les dirigeants d'entreprise tiennent un discours de vérité et renoncent à leurs bavardages ineptes sur la culture d'entreprise qui n'est, le plus souvent, qu'un rideau de fumée masquant de plus en plus mal leur impuissance.

Il faut globalement répondre à la demande de reconnaissance des salariés, d'autant plus qu'on exige de plus en plus un investissement personnel croissant. Cela passe avant tout par l'obligation du respect des personnes dans leur diversité.

VI.

Les risques du travail

Le travail, comme toute activité, y compris les loisirs, exige un effort physique et intellectuel et expose à des risques et à des contrariétés. Pourtant, c'est surtout au travail, et au travail salarié, que l'on reproche d'être fatigant, dangereux, de provoquer des maladies ou d'être source de troubles psychiques. Il est vrai que la contrainte y est plus forte et que la prise de risque est rarement choisie. Il est vrai également que la pénibilité et les dangers encourus pourraient être réduits pour peu que les entreprises les prennent en considération et consentent à ne plus se préoccuper exclusivement de rendement et de productivité. C'est le rapport entre les risques encourus par les salariés et le profit espéré par l'entreprise qui est insupportable. Il est difficile d'admettre qu'aujourd'hui encore, après tant de progrès techniques qui ont décuplé la productivité, il y ait autant d'accidents, de maladies professionnelles et de plaintes à propos de la pénibilité du travail, au point qu'on peut douter que les conditions de travail se soient réellement améliorées au cours des dernières décennies.

On entend à ce sujet deux points de vue radicalement différents. Selon l'un, le travail est de plus en plus facile et enrichissant tandis que l'autre, aujourd'hui dominant, met l'accent sur le stress et la souffrance. Auquel de ces points de vue se fier ?

Si l'on se remémore le tableau que dressait Villermé en 1840, les récits de Zola ou le poème de Victor Hugo « Melancholia », évoquant en 1838 le travail des enfants : « Ils vont, de l'aube au soir, faire éternellement / Dans la même prison le même mouvement. / Accroupis sous les dents d'une machine sombre / Monstre hideux, qui mâche on ne sait quoi dans l'ombre… », les conditions de travail du XXIe siècle n'ont vraiment rien à voir avec celles, inhumaines, du XIXe siècle, ni même avec celles qui règnent dans certains ateliers du Sud-Est asiatique. En passant des filatures de coton des débuts de l'ère industrielle aux ateliers ultra-propres de fabrication de composants électroniques on a changé de galaxie. Les technologies modernes ont allégé les charges de travail, remplacé les hommes dans les tâches les plus pénibles, les moins gratifiantes et les plus dangereuses. Quant aux emplois déqualifiés, beaucoup ont été délocalisés en Chine, en Inde ou ailleurs en Asie. Tout irait donc de mieux en mieux dans l'univers feutré du travail moderne en Occident. C'est pourtant une autre vision qu'évoquent enquêtes et sondages.

On entend en effet beaucoup de plaintes à propos du travail, beaucoup plus qu'il y a cinquante ans. Cela s'exprime à travers faits divers, articles et ouvrages qui relatent à n'en plus finir l'horreur de la vie au travail. À lire certaines études on s'étonnerait presque d'en revenir indemnes, mais le sommes-nous vraiment ou serions-nous ignorants du mal mystérieux qui nous ronge à la suite d'une rencontre malencontreuse avec une molécule maléfique ou un germe insidieux ? Pour un peu nous nous sentirions mieux d'être chômeurs.

L'impression dominante en ce début de XXIe siècle est bien celle d'une forte dégradation de l'univers du travail au cours des trente dernières années, comme si les progrès techniques, au lieu d'améliorer les conditions de travail, les avaient aggravées. En effet, la proportion de salariés qui se plaignent augmente. En 2004, pour ne prendre qu'un sondage, plus de quatre personnes actives sur dix estimaient que leurs conditions de travail étaient difficiles, pourcentage en croissance depuis 1997 [1].

1. Sondage Louis Harris pour le ministère de l'Emploi, du Travail et de la Cohésion sociale, novembre 2004.

En mars 2002, 9,2 millions de personnes sur 38 millions âgées de 15 à 64 ans, soit une sur quatre, déclaraient un problème de santé ou un handicap[1]. Parmi celles-ci, une sur cinq imputait son problème de santé à ses conditions de travail. Autrement dit, 1,7 million de personnes, soit un peu plus de 5 % de la population concernée, s'estimaient touchées par des maladies ou des handicaps causés par leur travail.

Selon la même enquête, c'était certes l'insécurité routière qui était en tête des craintes des salariés, mais les risques liés au travail arrivaient en deuxième position et un nombre croissant de salariés exprimait des craintes à leur endroit. Les accidents ou maladies liés au travail étaient cités par trois salariés sur dix, soit 10 % de plus que lors de la précédente enquête en 2002. Comment interpréter cette progression ? Sensibilité accrue ou réelle dégradation des conditions de travail ?

En fait, on peut dépeindre les conditions de travail de deux manières opposées qui reflètent chacune une partie différente de la réalité mais une partie seulement. D'un côté, celle qui est habituellement représentée du travail sur ordinateur dans un environnement calme et une ambiance conviviale, de l'autre, contrastant avec cette image convenue,

---

1. Selon l'enquête « Insertion professionnelle des personnes handicapées. »

celle que livrent les enquêtes sur les conditions de travail et les rapports alarmistes sur le stress et les TMS (troubles musculo-squelettiques), sans parler de l'augmentation des suicides liés au travail. La situation actuelle par sa grande diversité présente ce double visage qui ne permet pas de donner une vision monochrome des conditions de travail. Entre le travail ouvrier dans les petites entreprises de la métallurgie et celui des bureaux, il y a une énorme distance. L'un ne doit pas masquer l'autre. Les conditions de travail qui ont marqué l'ère industrielle, celles des ateliers, bruyants, enfumés, dans lesquels les ouvriers sont astreints à des gestes répétés et pénibles, sont loin d'avoir disparu malgré la forte diminution de l'emploi industriel et l'invasion des automates.

Il est vain de vouloir trancher entre deux visions opposées dont aucune n'est totalement fausse ni totalement exacte. Dire que la vérité se situe entre les deux n'est pas plus satisfaisant. Il faut aller au-delà de la description pour comprendre pourquoi la dénonciation actuelle de la souffrance au travail rencontre un tel écho. De toute évidence, par rapport au siècle dernier et même par rapport aux années qui ont suivi la Seconde Guerre mondiale, le travail est nettement moins pénible, mais quel sens y a-t-il à comparer deux univers, celui du travail industriel, autrefois

dominant, et celui du travail tertiaire d'aujourd'hui ?
Les conditions de travail de l'un ont peu à voir avec
les conditions de travail de l'autre et, en conséquence, les risques et les pénibilités diffèrent également, au point qu'ils ne peuvent être évalués sur une
même échelle. Les salariés de l'ère industrielle pâtis-
saient de risques et d'une pénibilité physique alors
que les employés d'aujourd'hui se plaignent surtout
du stress et d'une souffrance psychologique. Les accidents et la pénibilité physique ont diminué mais c'est
pour laisser place à des troubles psychiques.

La suprématie du secteur tertiaire et des relations
de service et les délocalisations dans les pays émergents n'ont pas fait disparaître totalement le travail
industriel en Europe. L'automatisation n'a pas non
plus éliminé les tâches pénibles et les risques physiques. Il y a toujours des accidents du travail et des
maladies professionnelles. Certes, les accidents du
travail ont diminué régulièrement, sauf entre 1997
et 2000, période pendant laquelle ils se sont accrus
en raison surtout de l'augmentation des accidents
de trajet. Mais depuis cette date, la tendance est de
nouveau à la baisse. Les accidents mortels, à
l'exception des accidents de trajet, ont enregistré
une forte diminution, passant de 2 229 en 1975 à
686 en 2002. Néanmoins, en 2004, on a encore
dénombré 1,4 million d'accidents du travail (secteur

privé, régime général) dont près de la moitié avec arrêt de travail[1]. En revanche, contrairement aux accidents du travail, la fréquence des maladies professionnelles a fortement augmenté. Le nombre de victimes de maladies professionnelles ayant connu un arrêt de travail a été multiplié par quatre au cours des dix dernières années, pour atteindre les 46 000 en 2006, dont 22 000 conduisent à une invalidité permanente. Près de la moitié de ces maladies touche les artisans qui ne sont donc pas épargnés bien qu'ils n'aient pas à se plier aux consignes d'un supérieur hiérarchique.

Les différentes composantes de la pénibilité, en dépit des innovations techniques et du déclin de l'industrie, demeurent présentes dans les ateliers et parfois dans certains services en contact avec le public. La répétition incessante du même geste ou de la même série de gestes, typique des chaînes de montage et du taylorisme, ce « travail en miettes », selon l'expression imagée de Georges Friedmann en 1956, n'a pas disparu. Non seulement il continue de sévir dans de nombreux ateliers mais il s'est étendu à de nouvelles activités autrefois épargnées. Aujourd'hui encore, un peu plus d'un ouvrier sur dix travaille à la chaîne[2]. La chaîne, ce n'est pas

Les risques du travail

Le nouvel âge du travail

---

1. Selon les déclarations enregistrées par l'Assurance maladie.
2. Enquête de la DARES sur les conditions de travail.

seulement un travail morcelé en opérations élémentaires et répétitives, c'est en outre un rythme de travail imposé par un convoyeur dont il faut suivre le rythme. D'autres mécanismes dictent également aux salariés un rythme de travail qui ne leur laisse aucune marge. En 2005, plus d'un ouvrier sur quatre devait suivre un rythme de travail imposé par le déplacement automatique d'un produit ou d'une pièce ou la cadence automatique d'une machine. De telles contraintes de temps ne régressent nullement, elles touchent au contraire une proportion croissante des salariés. Un quart des salariés doit suivre un rythme de travail dicté par des normes ou des délais de production à respecter en une heure au maximum, soit cinq fois plus qu'en 1984. Six sur dix assurent travailler dans l'urgence et devoir fréquemment abandonner une tâche pour une autre plus urgente, 4 % de plus qu'en 1998. Au cours de la même période, le pourcentage de salariés soumis à des postures pénibles fatigantes est passé de 16 % à 34 % ; plus étonnant encore, près de quatre salariés sur dix (39 %) déclarent porter des charges lourdes en 2005 alors qu'ils n'étaient qu'un peu plus de un sur cinq (22 %) en 1984.

Menace invisible mais redoutable, l'exposition à des substances chimiques dangereuses a été longtemps négligée. Selon l'enquête Sumer[1], 3,5 % des salariés sont exposés à un ou plusieurs produits cancérigènes sur leur lieu de travail. Cette proportion a augmenté depuis dix ans. On dénombre chaque année 7 500 décès consécutifs à des cancers professionnels. Par ailleurs, 86 000 salariés sont exposés à des produits mutagènes (benzène, dérivés du chrome) et pratiquement autant à des produits reprotoxiques (plomb et dérivés).

Facteur de pénibilité, le bruit n'a pas disparu avec la généralisation des appareils et machines électroniques. En 2003, près d'un tiers des salariés était exposé à des nuisances sonores. Près de 7 % subissaient des « bruits nocifs », c'est-à-dire qu'ils étaient exposés pendant au moins vingt heures par semaine à des bruits dépassant le seuil de 85 décibels ou à des bruits comportant des chocs et impulsions, risquant de ce fait des surdités irréversibles.

La pénibilité physique propre au travail industriel et au taylorisme continue donc de sévir, mais pour bien comprendre ce qui suscite aujourd'hui les plaintes, il ne faut pas s'arrêter à ces seuls aspects, il faut prendre en compte l'augmentation de certaines

---

1. L'enquête Sumer de 2003 (Surveillance médicale des risques professionnels) a été lancée et gérée par la DRT (Direction des relations du travail) et la DARES. Elle a été effectuée par 1 792 médecins du travail auprès de près de 50 000 salariés tirés au sort, au cours d'une visite périodique. Une précédente enquête de ce type avait été réalisée en 1994.

pathologies liées au travail, le stress et tous ces troubles dits psychosociaux qui ont donné lieu en mars 2008, à la demande du ministre du Travail, à un rapport suggérant, entre autres, de lancer une enquête nationale permettant d'évaluer simultanément les conditions sociales de travail et l'état psychologique des personnes [1]. Le malaise actuel relève moins d'une dégradation objective des caractéristiques physiques du travail que d'un sentiment général de mal-être psychique ou, plus précisément, d'une combinaison des dimensions physique et psychique. Traditionnellement, quand on évoquait les risques professionnels et la pénibilité, venaient en tête les accidents physiques, les maladies physiologiques comme la silicose, les maux de dos, le bruit et les polluants. La médecine du travail et les CHSCT [2] sont aujourd'hui confrontés à de nouveaux risques et à de nouvelles pénibilités auxquels ils n'étaient pas préparés. La conscience de ces problèmes a d'ailleurs émergé d'abord dans les médias par le biais des articles traitant du stress, des suicides en entreprises, du harcèlement moral et de la souffrance au travail, avant même qu'ils soient pris

1. Philippe Nasse et Patrick Légeron, *Rapport sur la détermination, la mesure et le suivi des risques psychosociaux au travail*, Paris, La Documentation française, 2008
2. Comités d'hygiène, de sécurité et des conditions de travail. Obligatoires dans les établissements employant au moins 50 salariés, ils ont pour mission de contribuer à la protection de la santé et de la sécurité des salariés ainsi qu'à l'amélioration des conditions de travail.

en charge sur les lieux de travail et inspirent des mesures de prévention.

Quelques ouvrages ont fortement contribué à éveiller les consciences sur les nouveaux risques du travail. Parmi ceux-ci, deux ont eu un retentissement considérable et, *a priori,* inexplicable, sauf à l'interpréter comme le révélateur d'un malaise profond qui n'avait pas encore trouvé ses moyens d'expression. Ces ouvrages parus en 1998, *Le Harcèlement moral* de Marie-France Hirigoyen et *Souffrance en France* de Christophe Dejours, traitent des aspects pathogènes des relations de travail. Différents à bien des égards, ils ont pour point commun de renouveler l'approche des conditions de travail en mettant l'accent sur leur dimension relationnelle et subjective au lieu de l'analyse en termes de pénibilité et de dangerosité physique, traditionnelle en ergonomie.

Le propos initial de Marie-France Hirigoyen, psychiatre et psychanalyste, n'est pas centré sur l'univers du travail. Son livre sur le harcèlement moral présente une vingtaine de cas cliniques dont neuf seulement se situent dans le cadre de l'entreprise. Contre toute attente, y compris celle de son éditeur, ce livre va connaître un immense succès. Il s'en vendra plus de 500 000 exemplaires et l'auteur recevra des centaines de lettres de personnes s'estimant victimes de harcèlement moral dans leur entreprise. Trois ans plus tard, une loi réprimant le harcèlement moral sera promulguée. Il est rare qu'un ouvrage ait une telle influence, en partie sur la base d'un malentendu. Dépassée par ce succès et par l'usage fait de la notion de harcèlement moral, Marie-France Hirigoyen jugera d'ailleurs nécessaire de préciser ce qu'elle entend par harcèlement moral dans un autre livre écrit sur la base de témoignages de lecteurs : *Malaise dans le travail. Harcèlement moral : démêler le vrai du faux*, publié en 2001. Mais rien n'y fera, le harcèlement moral ne lui appartenait plus, c'était devenu le nouveau nom de la souffrance au travail. Il serait injuste de lui reprocher l'usage d'une notion, certes assez floue, mais dont elle ne prétendait pas faire l'alpha et l'oméga des difficultés relationnelles dans l'entreprise. Dans son deuxième ouvrage, elle définit le harcèlement moral au travail comme « toute conduite abusive (geste, parole, comportement, attitude…) qui porte atteinte par sa répétition ou sa systématisation, à la dignité ou à l'intégrité psychique ou physique d'une personne, mettant en péril l'emploi de celle-ci ou dégradant le climat de travail[1] ». Le spectre couvert par cette définition est vaste, elle peut en effet s'appliquer aisément à bon nombre de contrariétés

1. *Malaise dans le travail…*, Paris, Syros, 2001, p. 13.

rencontrées dans le travail. Mais cela n'explique pas pourquoi ce terme a connu un tel succès. Comme l'a très finement analysé Jean-Pierre Le Goff[1], cette approche s'inscrit dans un nouvel air du temps caractérisé par une double tendance à la psychologisation de la plupart des problèmes sociaux et par la victimisation. Même si ce n'est pas ce que voulait Marie-France Hirigoyen, la grille du harcèlement moral permet d'interpréter les relations de travail sous un angle psychologique et moral et non social et organisationnel, comme une torture infligée par un être pervers à une victime et non comme la conséquence d'une pression organisationnelle. Pour Tiennot Grumbach, avocat spécialisé dans les conflits du travail, la loi sur le harcèlement moral « ouvre le champ à une interprétation psychopathologique de la relation de travail[2] ». Cette loi va modifier l'abord des tensions et conflits au sein de l'entreprise. *Exit* le conflit social et collectif, place au conflit psychologique et interpersonnel. Dans cette nouvelle problématique, le cadre collectif du travail et le système social de production ne sont plus au centre de l'analyse. Il ne leur est plus imputé la responsabilité des problèmes puisqu'on ne connaît plus que des conflits entre personnes dont

---

1. *La France morcelée*, Paris, Gallimard, « Folio actuel », 2008.
2. *Libération*, 8 avril 2002.

la responsabilité est attribuable à un pervers, le harceleur, qui n'est d'ailleurs pas nécessairement un supérieur hiérarchique. Il s'agit d'une relation interpersonnelle qui ne relève donc pas de la logique de l'entreprise. Que ce soit un député communiste, membre d'un parti se proclamant champion des luttes collectives, qui ait été à l'initiative de la loi ne manque pas de sel ! Tout autre est l'analyse proposée par Heinz Leymann, professeur à l'université de Stockholm, dans *Mobbing. La persécution au travail* (1996), paru en France deux ans avant le premier livre de Marie-France Hirigoyen et qui traite pourtant de questions similaires. Cet ouvrage qui a rencontré un large succès en Suède et en Allemagne est pratiquement passé inaperçu en France. Heinz Leymann y développe une approche psychosociologique qui reconnaît certes la dimension psychologique individuelle des problèmes auxquels les individus sont confrontés en entreprise, mais qui traite ces situations comme la conséquence d'un certain mode d'organisation et non pas comme le fait d'un ou plusieurs individus pervers. Il suggère en conséquence de modifier les modes de décision et de mobilisation et de mieux prendre en compte les personnes. Cette imputation de la responsabilité des conflits relationnels dans l'entreprise à l'organisation permet de prendre conscience de la souffrance psychique des salariés et de proposer un traitement collectif qui peut aller au-delà de recommandations éthiques ignorant le contexte de concurrence acharnée qu'affrontent la plupart des entreprises.

Christophe Dejours reconnaît, comme Heinz Leymann, que la souffrance psychique dans le cadre du travail n'est pas imputable à l'action d'individus intrinsèquement pervers, mais à une entité collective. Toutefois, tandis que Leymann estime que cela ne concerne que quelques entreprises dont on peut améliorer l'organisation et le mode de management, Dejours considère que c'est l'ensemble du système qu'il qualifie de néolibéral qui est coupable. Sa condamnation morale du système est sans nuances puisqu'il le compare carrément au nazisme. Il ose en effet ce rapprochement. Égarement de plume ponctuel ? Nullement, le parallèle est assumé et réitéré à maintes reprises. Tout juste reconnaît-il une seule et unique différence entre nazisme et néolibéralisme : « L'utilisation de la terreur et de l'assassinat de masse est ce qui distingue le totalitarisme du système néolibéral[1]. » Certes ce n'est pas rien, mais si le néolibéralisme renonce à la terreur c'est simplement parce que la peur du chômage suffirait à contraindre les salariés à accepter la souffrance ou à

1. *Souffrance en France*, Paris, Le Seuil, 1998, p. 158.

Le nouvel âge du travail | Les risques du travail

l'infliger tandis qu'un système de mensonge organisé permettrait de les maintenir dans le déni du réel. Autrement dit, c'est parce qu'ils redoutent le chômage que les salariés accepteraient cette cruauté et c'est parce qu'ils sont trompés par la propagande néolibérale qu'ils demeureraient dans le déni de ce qu'ils supportent et infligent. Seul Dejours, instruit par son expérience de psychodynamique du travail, a pu lever le voile sur cet asservissement. Il emprunte à Hannah Arendt, non sans quelques acrobaties sémantiques, la notion de banalité du mal qui permettait de rendre compte de cette suspension de la morale autorisant la collaboration ordinaire des Allemands au fonctionnement de la machinerie concentrationnaire nazie. Chez Dejours, le terme s'applique aux mécanismes d'adhésion, de consentement et de collaboration à l'injustice qu'il décèle dans le système néolibéral. Il distingue trois étages de responsabilité dans son maintien. À l'étage supérieur on trouve « les leaders de la doctrine néolibérale et de l'organisation concrète du travail du mal sur le théâtre des opérations », en dessous sévissent « les collaborateurs directs, à proximité ou sur le terrain des opérations »[1]. Enfin, le niveau inférieur « est constitué par la masse de ceux qui recourent à des stratégies de défense indi-

120

1. *Op. cit.*, p. 157.

viduelles contre la peur[1] ». Pour que les choses soient bien claires il affirme qu'il n'y a aucune différence « entre banalisation du mal dans le système néolibéral [...] et banalisation du mal dans le système nazi ». Mais s'il y a bien une banalisation, c'est celle du nazisme, qu'opère Dejours en l'assimilant pratiquement au système néolibéral. Le simple énoncé de ces thèses devrait suffire à les disqualifier. L'écho rencontré par une construction aussi délirante ne manque donc pas de surprendre. Sans doute est-ce davantage le thème et le titre du livre – *Le travail et La Souffrance en France* – que l'analyse proprement dite qui ont marqué les esprits.

Une analyse sociologique explique pourquoi cette catégorie de « souffrance au travail » a été adoptée par une partie de la médecine du travail. Selon Scarlett Salman le recours à cette catégorie et à la psychodynamique du travail a permis aux médecins du travail inquiets de leur avenir, à la fois « mal aimés de leurs employeurs » et « mal aimés des salariés »[2], d'étendre le champ de compétence de leur profession par un déplacement de leur activité vers la clinique et de conquérir ainsi une nouvelle légitimité à la fois professionnelle dans l'espace de la médecine et sociale comme acteurs d'un combat

---

1. *Ibid.*, p. 158.
2. « Fortune d'une catégorie : la souffrance au travail chez les médecins du travail », *Sociologie du travail*, n° 50, p. 31-47, 2008.

contre la souffrance au travail qu'ils seraient les seuls à même de déceler.

Pour comprendre l'influence que ces nouvelles approches du travail ont exercée, au-delà de la médecine du travail, il faut les analyser comme les révélateurs d'un malaise général par rapport aux conditions de travail, indépendamment du diagnostic qu'elles formulent et des propositions qu'elles délivrent. Mon hypothèse est qu'on assiste à une profonde mutation touchant à la fois les conditions de travail au sens large et la sensibilité aux difficultés du travail. D'un côté les risques et les inconvénients rencontrés dans les situations de travail ne sont plus les mêmes. D'un autre côté, l'attitude générale vis-à-vis de la pénibilité du travail a elle aussi changé. Si, pour l'analyse, il est nécessaire de distinguer entre l'objectif – les conditions de travail – et le subjectif – la sensibilité à ces conditions –, en fait les dimensions objective et subjective sont fortement liées. En effet, les risques détectés sont ceux qui sont perçus tandis que la prise en compte formelle de nouveaux risques ou la façon dont sont ressentis les risques déjà répertoriés modifient leur appréhension.

La mutation en cours des conditions de travail et de la manière dont elles sont ressenties s'est déjà opérée, mais cela n'a pas encore été correctement saisi ni analysé, loin s'en faut. Le système d'observation en place, l'expertise et la formation des observateurs dans le domaine des conditions de travail sont encore très largement centrés sur une représentation en grande partie dépassée de la pénibilité du travail, tandis que de nouvelles approches peinent à s'imposer et que prévalent par ailleurs des représentations purement psychologisantes, victimaires et compassionnelles de la souffrance au travail. Il est vrai qu'une perception juste des conditions de travail n'est pas chose aisée dans la situation présente, où de nouveaux risques encore mal identifiés émergent alors que les anciens demeurent. La combinaison de ces deux types de risques, ceux, traditionnels, facteurs d'une pénibilité essentiellement physique, et les risques émergents, à forte composante psychique, a fait surgir une catégorie de risques particulière connaissant une forte progression, étiquetée, faute de mieux, « risques psychosociaux ». Cette dénomination ambiguë met en avant la dimension psychologique et donc subjective sans méconnaître la composante sociale de ce nouveau type de pénibilité. Sous cette nouvelle appellation, les experts rangent un large éventail de troubles : troubles musculo-squelettiques (TMS), stress, violence et harcèlement au travail, dépression et suicide notamment qui ont pour seuls points communs d'être à la fois relativement nouveaux et en progression. Selon un rapport d'expertise réalisé à la demande de l'Agence européenne pour la sécurité et la santé au travail, les risques psychosociaux tels que le stress et les TMS, souvent dus à des changements techniques ou organisationnels, sont en forte progression. Ces risques mixtes, à l'interférence du physique et du psychique, du collectif et de l'individuel, commencent à être répertoriés, classifiés et mesurés, mais leur appréhension précise demeure imparfaite. On en connaît à peu près les symptômes mais mal les causes exactes.

En France, l'augmentation de la fréquence des maladies professionnelles est due pour une large part aux affections périarticulaires, autrement dit aux TMS dont la reconnaissance est récente. Cette affection apparue au cours de la dernière décennie, mais qui existait probablement bien avant sans être identifiée, devient un sujet de préoccupation majeur car elle est caractéristique des nouvelles conditions de travail. Ces troubles se révèlent par différents symptômes : maux de dos, tendinites diverses et le fameux syndrome du canal carpien qui se traduit par des picotements et des douleurs dans les doigts dus à la compression d'un nerf au niveau du poignet. Ces douleurs affectent les articulations mises à l'épreuve par des gestes répétitifs, même de faible ampleur. Ainsi les caissières des supermarchés qui, pendant des heures, saisissent des articles sur un tapis pour les passer devant le scanner de caisse, souffrent fréquemment du syndrome du canal carpien. Les TMS se propagent sans qu'on y prenne suffisamment garde car ils sont moins spectaculaires qu'un accident du travail et leur gravité n'est pas bien évaluée. Ils occupent pourtant la première place au hit-parade : ils représentent 67 % des maladies professionnelles déclarées (en 2003). Entre 1999 et 2003, le nombre de TMS déclarés est passé de 12 000 à 24 000. D'après une enquête menée dans les Pays de la Loire, près de 13 % des salariés présentent un TMS. La caisse régionale d'assurance maladie a évalué à 17 000 euros pour une entreprise le coût moyen d'un TMS affectant l'épaule, auquel il faut ajouter un arrêt de travail moyen de 220 jours. Les salariés commencent seulement à prendre conscience du problème. Dans une usine d'assemblage de luminaires où 30 % des opérateurs étaient touchés, les salariés ont déclenché une grève pour exiger une meilleure prévention. En Europe, les TMS sont considérés comme la principale maladie professionnelle, ils affectent 9 millions de travailleurs et représentent un coût équivalent à 1,6 % du PIB[1].

1. Agence européenne pour la sécurité et la santé au travail, *Facts* 78.

La combinaison de facteurs de pénibilité physique et psychique se manifeste également dans la progression du stress au travail que le docteur Patrick Légeron a été l'un des premiers en France à soigner et à décrire[1]. Ce phénomène, pratiquement ignoré il y a trente ans, associe des éléments objectifs tels que l'accroissement des rythmes de travail à des éléments psychiques comme l'incertitude sur l'avenir des tâches ou de l'emploi et la survalorisation de la performance individuelle. En 2005, plus de 20 % des travailleurs des vingt-cinq États membres de l'Union européenne estimaient que leur santé était menacée par le stress lié au travail[2]. Selon une enquête de l'IFAS[3] (Institut français de l'anxiété et du stress), près d'un salarié sur quatre fait état d'un niveau de stress mettant en cause sa santé. Certes, la vie professionnelle n'est pas seule responsable, mais pour environ huit salariés atteints sur dix, la cause est à rechercher soit exclusivement dans leur vie professionnelle, soit dans la relation entre la vie professionnelle et la vie personnelle. Le stress est le risque professionnel le plus souvent évoqué par les salariés travaillant dans les métiers en croissance, les métiers de services et dans

---

1. *Le Stress au travail*, Paris, Éditions Odile Jacob, 2001.
2. Selon la Fondation européenne pour l'amélioration des conditions de vie et de travail, dans un rapport publié en 2007.
3. Enquête menée entre septembre 2002 et août 2003 sur un échantillon de 11 852 salariés.

l'administration. On risque donc, si rien n'est fait, de constater sa progression dans les années à venir. Une enquête effectuée chez PSA en 2007 par le cabinet Stimulus a révélé qu'un salarié sur cinq souffrirait d'« hyperstress ». En 2004[1], près d'un actif sur trois s'estimait déjà susceptible d'être exposé au stress.

Les violences physiques et psychiques au travail, le *mobbing* ou le harcèlement moral, les pressions de tous ordres sur les salariés, y compris le harcèlement sexuel, ne sont pas des phénomènes nouveaux, mais ils sont de moins en moins tolérés et admis et leur prévalence est mieux connue. En France, 13 % des salariés disent craindre d'être harcelés moralement ou physiquement[2]. Justifiée ou non, cette crainte révèle l'importance du sentiment d'insécurité psychologique ressenti dans le cadre du travail. Le Réseau national de vigilance et de prévention des pathologies professionnelles (RNV3P) a enregistré une hausse des maladies psychiatriques chez les salariés envoyés dans l'un de ses trente-trois centres de consultation par les médecins du travail ou les généralistes : alors que les pathologies psychiatriques représentaient seulement 3 % de l'ensemble des pathologies recensées en 2001, elles

---

1. Enquête Louis Harris réalisée par téléphone du 21 au 29 octobre 2004 auprès d'un échantillon national représentatif de 1 002 actifs.
2. Enquête Louis Harris, 2004.

en représentaient 21 % en 2006[1]. Selon l'enquête de la Fondation européenne sur les conditions de travail réalisée en 2000, les violences au travail déclarées sont en progression mais il est difficile de faire le partage entre l'effet d'une attention plus aiguë et une augmentation effective. Selon les résultats de cette enquête, les violences physiques concernent 7 % des femmes et 5 % des hommes, les menaces, 11 % des femmes et 9 % des hommes, et le harcèlement sexuel, 4 % des femmes et 1 % des hommes. L'enquête menée en 2005 dans les vingt-sept pays de l'Union confirme ces chiffres et établit qu'entre 5 et 6 % des salariés déclarent avoir été victimes de l'une ou l'autre forme de violence.

Ces pressions et violences ajoutées au stress peuvent mener au suicide. On en a relevé un nombre préoccupant sur les lieux de travail. Ainsi, il y a eu six suicides en 2007 chez PSA en France, trois au technocentre Renault de Guyancourt entre octobre 2006 et février 2007. Il n'est pas certain qu'on puisse les imputer uniquement aux conditions de travail et en particulier à l'hyperstress, mais le fait qu'ils soient advenus sur le lieu de travail indique bien qu'ils ont un lien avec ce qui a été vécu dans le travail. Les directions des établissements concernés ont d'ailleurs commandité des enquêtes sur cette

1. RNV3P, 2007, *Rapport d'activité 2006*, p. 42.

question. On sait que plusieurs établissements, et pas uniquement ceux des constructeurs automobiles, sont touchés par ce phénomène en France sans qu'on puisse établir combien il y a de suicides sur le lieu de travail. Selon les données publiées par la revue syndicale britannique *Hazards Magazine* (2008), il y aurait 250 suicides par an dus au travail en Grande-Bretagne et 5 % des suicides au Japon seraient liés au travail. Selon Christian Larose, vice-président du Conseil économique et social, il y aurait chaque année en France entre 300 et 400 suicides liés au travail

Ces faits justifient l'attention portée aux nouveaux risques du travail qui ne sont plus uniquement physiques ou physiologiques mais qui proviennent aussi, et dans une proportion croissante, de son « environnement » relationnel et des pressions que celui-ci fait peser sur les personnes. La préoccupation manifestée par le ministre en charge du Travail témoigne de la prise de conscience de l'importance de ces nouveaux risques, ce dont il faut se féliciter. Mais cette modalité de prise en compte ne me paraît pas totalement satisfaisante. Tout d'abord, la notion de risques psychosociaux manque à l'évidence de rigueur et de précision. Elle tient plus du fourre-tout commode que de la catégorisation analytique. Certes tous ces risques possèdent une composante psychique, mais est-ce suffisant pour les qualifier ainsi ? À l'évidence, la plupart des TMS relèvent plus du physique que du psychique, sauf à considérer banalement que, comme tout trouble physique, ils ont une part psychologique. Mais le principal problème n'est pas la rigueur de l'appellation, plutôt ce qu'elle induit. Elle justifie en effet une approche essentiellement individualisante et psychologisante alors que les facteurs de risques sont principalement organisationnels et que leur prévention devrait être collective, même si le traitement peut comporter une composante psychologique. Les « épidémies » de stress ou de TMS ont toujours une cause organisationnelle appelant donc un traitement de ce type, c'est-à-dire un diagnostic collectif impliquant l'ensemble des salariés et débouchant sur une réforme de l'organisation ou du mode de management, éventuellement une remise en cause globale du mode de gestion de l'entreprise et de la formulation de ses objectifs.

Mais il faut aller plus loin dans l'analyse et considérer que les deux catégories de troubles générés aujourd'hui par le travail nécessitent des traitements spécifiques. Il convient d'abord d'identifier les risques émergents. Deux d'entre eux doivent particulièrement retenir l'attention : ceux dus à l'exposition à des produits ou des matériaux toxiques et ceux que, par facilité, on désigne sous le vocable de « risques psychosociaux ». Les premiers ne sont pas l'apanage des industries chimiques, ils sont présents, souvent sans qu'on le sache, dans de nombreux lieux de travail. Il ne faudrait pas répéter à leur égard les mêmes erreurs que vis-à-vis de l'amiante et laisser se développer, par ignorance ou cécité volontaire, des maladies telles que l'asbestose, ce cancer des poumons provoqué par les poussières d'amiante. Pendant des décennies, alors même que les risques en étaient au moins partiellement connus, le travail de l'amiante n'a fait l'objet d'aucune attention particulière, exposant des milliers d'ouvriers à une mort prématurée. La prise en compte de cette pathologie gonfle les chiffres des maladies professionnelles et incite les médecins du travail à une plus grande vigilance, alors même que les risques liés à l'amiante sont en rapide décroissance. On pourrait faire le même constat pour le saturnisme, pathologie liée à l'exposition au plomb. Le projet européen REACH (Registration, Evaluation and Authorization of Chemicals) de détection des produits chimiques dangereux et de leurs conséquences constitue heureusement une initiative visant à en détecter la présence, à en réduire la diffusion.

L'émergence des risques psychosociaux résulte de plusieurs évolutions récentes qui conjuguent leurs effets ; parmi les plus importants : l'accélération et l'irrégularité des rythmes de production, l'obligation de réactivité dans un environnement devenu plus incertain, la mise en concurrence des individus dans les collectifs de travail, l'exigence d'une plus forte implication personnelle, la mise en relation directe avec le public et, de manière générale, une plus forte exposition aux aléas de la demande. Parallèlement les salariés ont aussi élevé leur niveau d'exigence vis-à-vis de leur travail. Ils veulent qu'il soit porteur de sens et d'utilité sociale.

Depuis une trentaine d'années, la diffusion des nouvelles technologies censées alléger les tâches a produit des effets controversés. Certains mettent l'accent sur la plus grande autonomie des salariés, la réduction des charges physiques, le recul du taylorisme tandis que d'autres, à l'inverse, s'inquiètent de l'émergence d'un nouveau productivisme. On constate en effet que les rythmes de travail se sont accélérés dans plusieurs secteurs et qu'ils sont également devenus irréguliers en raison de l'indexation du niveau de la production sur les fluctuations de la demande, au jour le jour. Il est évident que la succession imprévisible de périodes de production à un rythme effréné et de périodes de quasi-inactivité est génératrice d'incertitude, de fatigue et de stress. C'est malheureusement devenu la règle dans beaucoup d'activités directement dépendantes de la demande finale.

Une des causes des nouvelles affections tient à la forte dimension relationnelle du travail. Certes le travail a toujours impliqué une mise en relation, au moins au sein d'une équipe, mais celle-ci était encadrée et soumise à des procédures censées garantir la bonne exécution des tâches. Aujourd'hui, la mise en relation et la communication, que ce soit avec les collaborateurs ou les clients ou usagers, sont de la responsabilité individuelle des salariés et deviennent même, pour beaucoup d'entre eux, l'essentiel de leur travail. Cette mise en relation implique des qualités comportementales, une grande disponibilité, une forte réactivité et une implication personnelle. Le succès comme l'échec de la mise en relation mettent en cause l'individu et l'affectent positivement ou négativement. Un aspect marquant de cette évolution aujourd'hui est l'augmentation du nombre de salariés en contact avec le public. Cela concerne six salariés sur dix. Ce contact avec le public enrichit le contenu relationnel du travail et brise la monotonie du labeur industriel de type taylorien mais n'entraîne pas automatiquement des conditions de travail moins pénibles. Il va souvent de pair avec des difficultés comme la fréquence des horaires décalés et du travail le week-end. Parmi les salariés en contact avec le public, six sur dix travaillent le samedi régulièrement ou occasionnellement, un tiers le dimanche et plus d'un quart (28 %) ne bénéficient pas d'un repos de quarante-huit heures consécutives. Un salarié sur cinq déclare devoir toujours se déplacer et plus d'un sur quatre (26 %) ne pas disposer d'un temps suffisant pour faire correctement son travail. Un sur trois dit vivre des situations de tension avec ses supérieurs hiérarchiques et un sur deux avec le public (ils n'étaient que 36 % en 1981). Plus de la moitié (53 %) doit rester longtemps debout, plus du tiers (37 %), porter des charges lourdes.

Les nouvelles pénibilités, celles générées par le stress et l'insécurité, ne débouchent sur aucune contrepartie positive pour les salariés, contrairement à ce que la pénibilité et la prise de risque physiques leur procuraient en confortant leur estime de soi. Les travailleurs qui devaient prendre des risques ou souffrir physiquement pour accomplir leur tâche pouvaient en effet en retirer une certaine fierté et la joie d'avoir accompli un travail difficile. L'épuisement physique, la souffrance et la prise de risque avaient pour contrepartie une satisfaction morale. Rien de tel avec les risques psychosociaux : les individus subissent un épuisement psychique qui ne les mène, au-delà d'un certain seuil, qu'à la dépression et à la perte d'estime de soi.

Le traitement de ces nouvelles pathologies est certainement plus complexe que celui des risques physiques et physiologiques mais leur importance et leurs conséquences devraient inciter les entreprises et les pouvoirs publics à s'en préoccuper. D'autant que, dans le domaine des risques professionnels, la France est en mauvaise position par rapport à ses partenaires européens. En Suède par exemple, les plus grandes entreprises ont mobilisé d'importants moyens pour juguler la progression du stress en sensibilisant le management à ce problème pour qu'il modifie son comportement. Si l'on en croit la dernière enquête européenne sur les conditions de travail réalisée en 2005, la France est un des pays où les salariés sont les plus nombreux à dénoncer les phénomènes de violence au travail. La première disposition qui s'impose est, comme le suggère le rapport Nasse-Légeron, de les répertorier et d'en mesurer la fréquence. Il faut pour cela des dispositifs d'écoute et d'observation où les salariés puissent faire part des problèmes qu'ils rencontrent dans leur travail, soit au sein même des grandes entreprises qui en ont les moyens, soit dans des lieux de consultation spécialisés. Quelques entreprises comme EDF ou Renault ont déjà mis en place des dispositifs de ce type tandis que quelques lieux de consultation « souffrances au travail » ont récemment été ouverts. Ce n'est qu'un premier pas ; l'étape suivante devrait être, dans les entreprises les plus pathogènes, l'ouverture d'une réflexion sur les modes de management débouchant sur l'identification des causes de stress et de souffrance psychique des salariés et sur les modifications susceptibles sinon de les éradiquer totalement, du moins de les atténuer et de faire en sorte que les salariés les plus fragiles en soient protégés.

VII.

Le travail en quête de reconnaissance

Le malaise diffus qui touche le rapport au travail ne tient pas à une seule cause, mais à plusieurs. C'est la conjugaison de plusieurs évolutions récentes dont les trois principales sont la réévaluation de l'importance de la vie personnelle par rapport à la vie professionnelle, l'impression d'une non-prise en compte des efforts consentis au travail et la crainte d'un dépérissement de la valeur travail.

L'investissement des salariés dans l'entreprise n'est pas en cause, ce sont ses modalités qui changent. Son recul peut tout aussi bien résulter d'une désaffection vis-à-vis de l'entreprise que d'une réévaluation des autres centres d'intérêt et en particulier de la vie familiale. Or plusieurs études montrent que les salariés accordent plus d'importance qu'auparavant à leur vie familiale et aux relations avec leur entourage. La proportion de salariés prêts à sacrifier leur vie personnelle pour leur vie professionnelle est en chute libre. Faut-il vraiment s'en plaindre ? Même les artisans, dont la vie personnelle est souvent imbriquée avec la vie professionnelle, ne sont plus disposés à ce sacrifice.

Une autre façon de mesurer le degré d'attachement au travail consiste à demander aux personnes d'âge actif où irait leur préférence entre le départ à la retraite à l'âge prévu et la poursuite du travail au-delà de l'âge de la retraite. Seuls 14 % des salariés choisiraient de partir quelques années plus tard à la retraite pour toucher une pension plus élevée tandis que 84 % préféreraient partir à l'âge prévu[1]. Une forte proportion de salariés souhaiteraient même abréger leur carrière et prendre leur retraite quelques années plus tôt, quitte à toucher une pension moindre. C'est le souhait de 46 % des salariés du secteur public et de 48 % des salariés du secteur privé, les autres préférant prendre leur retraite à l'âge normal[2]. On voit bien là, au moins chez les seniors, les limites de l'attachement au travail.

On travaille d'abord pour gagner sa vie ; ce que recherchent les chômeurs, c'est en premier lieu un revenu. Si on regarde de plus près ce qui motive le travail – revenu, passion, intérêt de l'activité, rela-

1. Sondage Sofres pour la CGC, avril 2000.
2. Sondage Sofres / *Notre Temps*, mars 2000.

tions sociales –, pour six personnes sur dix, c'est avant tout de gagner de l'argent. C'est le cas de huit demandeurs d'emploi sur dix et de la même proportion d'inactifs [1]. Toutefois, si la motivation matérielle est prioritaire, elle n'est pas exclusive. Ce qui motive plus de la moitié des actifs en emploi (55 %), c'est aussi l'épanouissement que leur procure le travail, ce qui n'est le cas que d'un tiers des chômeurs et inactifs. Pour près d'un actif sur trois, l'intérêt du travail c'est aussi de rencontrer d'autres personnes, alors que cela n'importe qu'à moins d'un cinquième des chômeurs et inactifs. L'écart entre les actifs et les chômeurs et inactifs est instructif. Quand on est sans emploi, ce qu'on estime prioritaire dans le travail c'est bien le revenu qu'il apporte, il est plus difficile dans une telle situation d'évoquer d'autres aspects. Les autres sondages qui portent sur les motivations confirment ces réponses. L'un d'eux fait apparaître que la motivation d'épanouissement est plus élevée que celle du revenu dans la catégorie des 18 à 24 ans [2]. Cela va à l'encontre de l'idée reçue et complaisamment reprise par beaucoup de ceux qui n'ont plus vingt ans, selon laquelle les jeunes ne s'investissent pas dans leur travail et ne pensent qu'à s'amuser. En

1. Sondage CSA, 14 février 2006.
2. Sondage CSA / *Le Parisien*, février 2006.

réalité, caricature pour caricature, il serait moins faux de dire que les seniors pensent surtout à leur future retraite. En effet, plus les individus avancent en âge et plus ils sont nombreux à mettre en avant comme motivation du travail la garantie des moyens d'existence.

Les partis de droite et de nombreux chefs d'entreprise imputent à la loi sur les trente-cinq heures le désengagement des salariés. Selon eux, la réduction de la durée du travail aurait miné la valeur travail et placé le temps libre et les loisirs au centre des préoccupations des Français. Ceux-ci ne songeraient plus qu'à programmer leurs congés et à arranger leurs « jours de RTT » pour combler l'espace entre les jours fériés et les week-ends afin de s'octroyer de pleines semaines de vacances, sans considération pour leur entreprise ou leur administration. Voilà pourquoi la France déclinerait[1] et les classes laborieuses seraient en proie au vice[2]. Que la loi sur les trente-cinq heures ne mérite pas quelques critiques, là n'est pas la question. Mais peut-on en faire la cause d'un supposé effondrement moral du

---

1. Nicolas Baverez, *La France qui tombe : un constat clinique du déclin français*, Paris, Perrin. 2003.

2. Je ne peux résister au plaisir de citer Nicolas Baverez, habituellement mieux inspiré : « Le temps libre, c'est le versant catastrophe sociale. Car autant il est apprécié pour aller dans le Luberon, autant, pour les couches les plus modestes, le temps libre, c'est l'alcoolisme, le développement de la violence, la délinquance, des faits malheureusement prouvés par des études » (*20 Minutes*, 7 octobre 2003).

pays ? Accuser la réduction de la durée du travail de tous les maux, cette antienne a connu son heure d'indignité pendant l'Occupation lorsque les cercles vichystes avaient attribué la défaite de 1940 à la loi sur les quarante heures et les congés payés. Blum se le vit même reprocher, lors du procès inique de Riom, en tant que chef du gouvernement du Front populaire qui avait promulgué les quarante heures. En fait, toutes les études économétriques montrent que la productivité s'accroît lorsque baisse la durée du travail. On ne peut d'ailleurs pas incriminer les trente-cinq heures dans ce recul de l'acceptation de produire des efforts puisque le déclin est antérieur à l'année 2000. La proportion des salariés prêts à consentir des sacrifices dans leur vie personnelle était déjà tombée à 33 % en 1997.

Un autre commentaire attribue au chômage de masse la responsabilité du désenchantement des Français envers le travail. Ce point de vue ne manque pas de vraisemblance mais, si on se reporte aux sondages précédents, on voit bien que l'investissement des salariés a baissé entre 1989 et 2004 alors que le chômage n'était pas plus élevé en 2004 qu'en 1989. Par ailleurs, on l'a noté, l'attachement au travail est plus fort chez les chômeurs que chez ceux qui ont un emploi. On ne peut toutefois totalement écarter l'hypothèse d'une incidence de long terme de la crise économique et sociale sur les attitudes vis-à-vis du travail ; à la longue, celle-ci a pu affaiblir la confiance des Français et les faire douter de l'utilité de leurs efforts et de leur investissement dans leur entreprise. Mais alors, ce ne serait pas tant le travail en soi qui se trouverait remis en cause que la stratégie des entreprises et leur capacité à valoriser efficacement l'activité de leurs salariés.

Une troisième explication attribue à la dégradation des conditions de travail la principale cause de la désaffection des Français vis-à-vis de celui-ci. Pour saisir ce qui est en jeu, il faut faire une distinction entre le Travail avec une majuscule, et le travail réel. L'attachement au Travail comme valeur n'est pas en cause, en revanche, il y aurait une prise de distance à l'égard du travail vécu qui se traduirait dans la montée des opinions négatives. Il faut préciser que ce n'est pas tant la pénibilité objective du travail qui est en cause ici, que sa perception et la tolérance des salariés envers la pénibilité. Pourtant, sans nier que la perception des conditions de travail ait une influence sur l'investissement, on ne peut y voir la cause principale du malaise actuel. La satisfaction retirée du travail n'est pas complètement dictée par les conditions où il s'exerce. On peut en effet retirer de la satisfaction d'un travail malgré ses risques ou sa pénibilité[1]. Ces phénomènes – réduction de la durée, montée du chômage et accentuation du stress – ne suffisent donc pas à rendre compte du désinvestissement des travailleurs.

La perte de confiance des salariés français vis-à-vis de leur entreprise naît notamment de l'impression que leurs efforts et leur apport ne sont pas reconnus comme ils devraient l'être. Ils reprochent moins à leurs dirigeants de ne pas être capables de lutter efficacement contre la concurrence que de ne pas reconnaître leur contribution. Ce sentiment ne touche pas que les entreprises privées, il prévaut aussi dans la fonction publique. En 1989, 27 % des salariés pensaient que les mérites et les efforts étaient reconnus et récompensés, ils n'étaient plus que 16 % en 2004 alors que le pourcentage de ceux qui estimaient que les efforts et les mérites ne sont pas récompensés passait dans la même période de 23 % à 37 %[2]. Quand ils estiment que leurs mérites ne sont pas estimés à leur juste valeur, les salariés ne mettent pas toujours en cause leur niveau de rémunération. Le salaire est certes un élément essentiel de reconnaissance mais ce n'est pas le seul ni même toujours le plus important. Les salariés attendent autre chose qu'un salaire correspondant à

---

1. C'est ce que montre bien l'étude de Christian Baudelot et Michel Gollac (2003), citée plus haut.
2. Source TNS Sofres.

leur contribution. Il leur faut d'autres signes manifestant que leur entreprise reconnaît et apprécie leur apport à sa juste valeur. S'ils considèrent que leurs efforts sont peu reconnus et récompensés, les salariés mesurent leur investissement et le limitent au niveau de ce qu'ils escomptent comme retour de la part des directions d'entreprise.

Il semble logique que tout cela ait un impact sur le degré d'investissement dans la vie professionnelle. Un autre sondage le confirme[1]. À la question : « Qu'est-ce qui selon vous dévalorise le travail ? », 39 % des salariés répondent « Le manque de reconnaissance des employeurs », première cause invoquée avant même le stress et la pression qui pèsent sur les salariés (38 %) et la précarité de l'emploi (29 %), un quart cite « la faiblesse des rémunérations » et, dans le même ordre d'idée, « la priorité donnée aux profits par rapport aux salaires »[2]. Les salariés ont en fin de compte l'impression de ne compter que pour peu de chose, l'essentiel de la considération et des préoccupations allant aux clients, aux investisseurs et aux actionnaires.

Cette impression va de pair avec la conviction que les entreprises sont beaucoup plus attentives aux intérêts de leurs dirigeants (92 %), à leur répu-

1. Sondage CSA, mars 2005.
2. Le total est supérieur à 100 car les interviewés avaient la possibilité de donner plusieurs réponses.

tation (91 %), à la satisfaction de leurs actionnaires (82 %), à la satisfaction de leurs clients (79 %) qu'à la satisfaction de leurs salariés (18 %)[1]. Ces derniers considèrent donc que leur contribution ne reçoit pas la reconnaissance qu'elle mérite et qu'ils ne sont que la cinquième roue du carrosse, très loin derrière leurs dirigeants. D'ailleurs, six sur dix estiment que les intérêts des entreprises et ceux des salariés ne vont pas dans le même sens. Les révélations récurrentes sur les rémunérations et bonus des dirigeants, les *golden parachutes* et les retraites-chapeau ne peuvent que renforcer cette idée d'une disjonction d'intérêts entre l'état-major et la piétaille.

Ce sentiment de non-reconnaissance peut devenir un sentiment d'injustice intolérable quand s'y ajoute le spectacle indécent des revenus astronomiques versés aux dirigeants des grandes entreprises et des parachutes dorés qui leur sont octroyés lorsqu'ils sont démis de leurs fonctions à la suite d'erreurs de gestion mettant leur entreprise en difficulté. C'est sans doute pour cela qu'on emploie le terme « remercier » pour signifier qu'on a débarqué un dirigeant.

Ce registre de la reconnaissance n'est pas totalement nouveau mais il n'a jamais été aussi présent et il s'exprime sous des formes inédites. S'il fallait

1. Source TNS Sofres / Influence, 2005.

caractériser le malaise qui affecte le plus fortement la relation au travail, c'est le sentiment de déficit de reconnaissance qui semble le plus approprié. Autrement dit, une grande part du malaise actuel ressenti par les salariés vient d'un manque de considération et d'estime. Alors que les entreprises exigent de leurs salariés un fort investissement personnel, ceux-ci se sentent souvent ignorés, comme invisibles ou même parfois méprisés.

Les trois quarts des salariés (74 %) ont le sentiment que leur travail est utile à l'entreprise et 70 % y trouvent de l'intérêt[1]. En revanche, ils perçoivent un décalage entre ce qu'ils pensent de leur travail et le regard porté sur lui par l'entreprise et, au-delà, par l'ensemble de la société. Moins de la moitié considèrent en effet que leurs efforts sont reconnus[2]. Ce sentiment a enregistré une forte augmentation ces dernières années. Si, en 1986, plus d'un quart des salariés (26 %) estimaient qu'« on a de bonnes chances de voir ses mérites reconnus et récompensés », ils n'étaient plus que 16 % en 2004. Alors qu'en 1986, également, près d'un quart (24 %) pensaient que « les efforts et les mérites ne sont pas vraiment reconnus et récompensés », ils étaient plus du tiers (37 %) en 2004[3].

---

1. Enquête TNS Sofres, 2006.
2. Enquête TNS Sofres / Cap Gemini, « À l'écoute des Français au travail », réalisée en septembre 2004.
3. Selon un sondage TNS Sofres.

La forte demande de reconnaissance émanant des salariés traduit un malaise provoqué par la confrontation de deux exigences qui se révèlent, dans les conditions sociales actuelles, contradictoires. Les exigences nouvelles des entreprises se heurtent à celles, également nouvelles, des salariés. De la part des entreprises, la contribution demandée est une plus forte implication personnelle qui va bien au-delà de la simple exécution du travail prescrit. Beaucoup d'entreprises demandent en effet à leur personnel de reprendre à son compte les « valeurs » qu'elles s'attribuent et d'adhérer à leur discours. Il ne suffit plus de s'acquitter de son travail au jour le jour, il faut épouser les valeurs de l'entreprise, renoncer, au moins en apparence, à son quant-à-soi et taire toute critique. Cette exigence s'adresse principalement aux cadres, mais les autres salariés y sont également conviés et sont incités à s'impliquer davantage. Cependant l'adhésion aux valeurs de l'entreprise et l'implication présentée comme la clef du succès et de la conquête de nouveaux marchés ne garantissent pas contre le licenciement. Du jour au lendemain les fidèles petits soldats peuvent être renvoyés dans leurs foyers. L'entreprise qui leur a tant demandé, y compris d'épouser totalement sa cause, les rejette et leur signifie ainsi son absence totale de reconnaissance. La grande communauté de valeurs se révèle alors pour ce qu'elle était : un mirage. Pour les salariés victimes de cette tromperie, le coût moral est lourd, ils peuvent avoir légitimement le sentiment d'une dévaluation de leur investissement personnel et, pour tout dire, qu'on s'est fichu d'eux. La reconnaissance apparente que leur témoignait l'entreprise avant qu'elle ne les licencie est brusquement réduite à néant. Pour les autres, les rescapés des plans sociaux, la désillusion n'est pas moindre. C'est aussi leur implication et les efforts qu'ils ont consentis qui sont niés par les licenciements de leurs collègues. Ils leur signifient qu'ils sont, eux aussi, quantités négligeables pouvant être mises au rebut à la prochaine difficulté.

Les licenciements individuels ou collectifs devraient mettre en garde les salariés, les inciter à mesurer leur implication et les garder d'un investissement aveugle dans le travail. Mais, même averti des risques, il n'est pas facile dans le contexte actuel de mesurer chichement son implication dans le travail. La plupart des salariés sont conscients que l'entreprise qui leur demande tant n'hésitera pas à les renvoyer si nécessaire. Dans ces conditions ils sont parfois tentés de limiter leur niveau d'investissement. Corinne Maier, dans *Bonjour paresse* (2004), a expliqué à partir de sa propre expérience comment « en faire le moins possible en entreprise ». Mais qui peut se permettre cela sans risquer le licenciement ? À supposer qu'elle soit possible, cette attitude ne semble pas tenable car d'une part elle expose le « tire-au-flanc » au mépris de ses collègues et d'autre part, plus grave, elle vide le travail de tout intérêt. Il faudrait alors se résigner à compter les heures qui passent dans un ennui rythmé par les incursions à la machine à café. En réalité, cette option existe rarement. Le contexte actuel du travail ne le permet pas. En effet, on ne peut plus raisonner comme il y a seulement vingt ou trente ans car l'organisation et le contenu du travail ont profondément changé.

Dans l'entreprise de type taylorien, les salariés n'étaient pas invités à partager les valeurs de l'entreprise, ils devaient seulement exécuter les tâches qui leur étaient prescrites selon des modalités strictes très précisément décrites. Leur sentiment d'appartenance à l'entreprise reposait sur d'autres ressorts : intégration dans un collectif stable et fierté de l'appartenance à une entreprise ayant une image forte. Dans ce cadre, les salariés d'exécution étaient faiblement impliqués, ils subissaient et ne pouvaient être tenus pour responsables que des dysfonctionnements dus au non-respect des consignes. Le principal reproche qui pouvait leur être adressé, et qui était aussi la principale source de conflit, concernait le rythme de travail. Mais l'accusation de ne pas tenir les cadences ne remettait pas en question les mérites personnels et en général les salariés considéraient cela comme de l'exploitation qu'ils attribuaient à l'arbitraire des chefs et à la rapacité des patrons. La plupart des conflits opposaient alors un collectif de travail aux dirigeants. Les salariés ne se sentaient pas mis sur la sellette en tant que personnes mais en tant que groupe social, ce qui n'avait pas les mêmes conséquences. Le déficit de reconnaissance qu'ils éprouvaient pouvait être imputé à un système injuste et trouvait des compensations dans la solidarité de groupe et le conflit, sans les atteindre en tant que personnes. Dans ce contexte, la lutte pour la reconnaissance était d'emblée collective et générait une solidarité de groupe porteuse par elle-même de reconnaissance et pourvoyeuse d'estime à l'égard des plus combatifs et des plus dévoués. Le collectif, souvent le syndicat, conférait à ses adhérents une reconnaissance complémentaire de celle que leur témoignait parfois, avec plus ou moins de force, la direction de l'entreprise.

Dès lors que les salariés sont moins enfermés dans des tâches prescrites et répétitives et qu'il leur est octroyé une marge d'autonomie dans leur travail, leur responsabilité s'accroît et les échecs comme les réussites peuvent leur être imputés. Ce gain d'autonomie et de responsabilité enrichit la relation au travail mais à une double condition : que les salariés disposent réellement de tous les moyens nécessaires à l'exercice de la responsabilité qui leur est attribuée et que la valeur de leur contribution soit reconnue. Or ces deux conditions sont rarement satisfaites. Plusieurs enquêtes ont montré que l'attribution d'une plus grande responsabilité reste souvent formelle car les salariés ne disposent pas des moyens nécessaires à son exercice. Cette situation est source de stress, surtout dans un contexte où règnent l'incertitude et l'aléa. Les salariés ont une appréciation du coût psychologique de leur travail, dans lequel le stress et l'angoisse entrent en ligne de compte mais ce coût subjectif demeure invisible pour les autres, en particulier pour l'entreprise, et n'est de ce fait pas pris en compte comme pouvait l'être la pénibilité physique, plus facilement constatable. De cet écart naissent un déficit de reconnaissance et une frustration.

La difficulté à rendre visibles la contribution et l'effort provient, entre autres, du glissement qui s'est opéré depuis la fin des années 1980 entre la notion de qualification et celle de compétence. Les qualifications qui étaient stables, formalisées dans une grille et reconnues à la fois par les employeurs et les salariés, sont aujourd'hui fragilisées par la notion plus floue de compétence. Faute de mesure objective et de définition formelle, les exigences de performance n'ont plus de limites et sont difficilement appréciables. La qualité comme la quantité de travail ne sont pas mesurables sur une base commune incontestable. De fait, les salariés ne parviennent jamais complètement à réaliser la performance requise qui paraît inatteignable. Il s'ensuit une évaluation forcément négative qui est alors utilisée par les dirigeants pour demander toujours plus et parfois fragiliser les salariés. Dans un tel schéma, la reconnaissance attendue est pratiquement impossible à conquérir.

Bien que plus délicate à évaluer, la contribution de chacun à la performance de l'entreprise est plus fréquemment et plus sévèrement mise en examen. Les salariés ont toujours été évalués d'une manière ou d'une autre, mais l'évaluation est devenue plus déstabilisante. Elle est de plus en plus fréquemment individualisée, ce qui fait porter aux individus et non au collectif ou à la structure la responsabilité des erreurs et dysfonctionnements. Elle tend également à comparer les performances individuelles et donc à mettre les salariés en position de compétiteurs. Il ne suffit plus de faire correctement son travail, il faut être meilleur que les autres. Cette extension du domaine de la compétition a pour conséquence de renforcer le stress et le sentiment que ce n'est pas l'effort réalisé qui est reconnu mais la « performance ». Le management par la performance aboutit à ne reconnaître que ceux qui obtiennent les meilleurs résultats, soit une petite élite. La masse des autres, ceux qui ne parviennent pas à faire mieux que bien faire leur travail, ceux qui se situent dans la moyenne, ceux-là sont laissés à leurs frustrations quand ils ne sont pas désignés comme de mauvais éléments. Ils n'ont droit à aucune reconnaissance alors même qu'ils estiment, à juste titre, avoir bien fait leur travail.

La demande de reconnaissance des salariés naît aussi des souffrances psychiques endurées dans le cadre de relations difficiles, voire tendues, qui se nouent sur la scène du travail. Les sources de difficultés relationnelles dans le travail n'ont cessé de s'accroître au cours de ces dernières décennies, en raison de la plus grande intensité de relations entre collègues et avec la hiérarchie que nécessite désormais le travail et parce que les contacts avec le public, clients ou usagers, se sont multipliés. Dans certaines activités comme le commerce, les relations avec le public peuvent exposer à des conflits, des signes de mépris et parfois des injures et même des coups. C'est ce dont se plaignent également, entre autres, les guichetiers de la Poste, les contrôleurs de la RATP ou même les caissières des supermarchés. Ces comportements génèrent de la part des salariés qui les subissent un besoin de reconnaissance de compensation de la part de leur entourage de travail et de leurs supérieurs hiérarchiques.

De leur côté, les salariés ont accru leurs exigences, non pas en tant que groupe social formulant des revendications collectives (de ce point de vue, pas de changement notable), mais en tant qu'individus. Ils exigent en effet que soient reconnues leur identité et leur contribution propres. Prenant au mot l'individualisation promue par les directions d'entreprise, ils réclament un traitement individualisé et, pour commencer, que leurs mérites personnels soient pris en compte. Selon le schéma taylorien, l'ouvrier ne devait être qu'un rouage dans une vaste machinerie et rien d'autre, obéissant aux consignes du bureau des méthodes. Aujourd'hui on lui accorde en principe autonomie et capacité d'initiative, mais en fait les salariés ont encore souvent l'impression de n'être considérés que comme des rouages, non comme des personnes.

Le contexte français de ces dernières années a aussi contribué à alimenter la demande sociale de réassurance en suscitant des doutes sur la valeur du travail. C'est entre autres parce qu'ils ont craint le naufrage du travail comme valeur que les Français

ont élevé leur niveau d'exigence, exigé une clarifica-
tion et souhaité la confirmation de la reconnaissance du travail. Cette crainte, je l'ai dit, a été
alimentée par une littérature abondante sur la fin du
travail et par la médiatisation de fermetures d'usines
et de suppressions d'emplois. L'importance du travail comme facteur de production a semblé se
réduire en raison des progrès de productivité. Bien
que reposant sur une illusion, cette perspective a
alimenté une inquiétude générale avivée par la peur
que le travail des pays riches ne s'en aille dans ces
immenses réservoirs de main-d'œuvre bon marché
que sont la Chine, l'Inde, et la plupart des pays
émergents du Sud-Est asiatique. Difficile de porter
crédit au travail dans ces conditions car s'il peut
disparaître aussi rapidement et facilement sans
apparemment affecter le niveau de la production, la
conclusion s'impose d'elle-même : il ne vaut plus
grand-chose. On comprend que, s'estimant des artisans de l'inutile, certains salariés se soient persuadés
que la société ne porte plus grande estime à leur
contribution. C'est d'une certaine manière une
dévalorisation supplémentaire qui porte atteinte à
l'image du travail et de ceux qui l'accomplissent.

La déconsidération dont souffre le travail en
général comme le besoin de reconnaissance envers
leur contribution exprimé par les salariés exigent un

traitement social approprié. Mais si le constat est aisé, en revanche, il n'existe pas de réponse simple à cette demande. Tout d'abord, il convient de distinguer deux dimensions différentes dans la demande de reconnaissance : une dimension collective qui concerne le point de vue social sur le travail et une dimension individuelle qui répond au mal-être ressenti individuellement par les salariés. Le traitement approprié ne peut être le même pour ces deux exigences.

La demande sociale de reconnaissance passe d'abord par le salaire qui en est le principal levier (voir le chapitre 8). La demande individuelle porte, elle, davantage sur la reconnaissance individuelle des mérites et de l'engagement du salarié, et des aménagements du temps de travail (voir chapitres 9 et 10).

La reconnaissance qu'attendent les salariés passe encore par l'expression au quotidien d'une réelle considération, malheureusement absente dans bien des entreprises dans lesquelles les salariés peuvent avoir l'impression de ne pas exister pour leurs supérieurs qui ne les saluent pas, ne leur adressent pas la parole, sinon pour dévaloriser leur contribution, et leur font sentir leur mépris hautain. Les organisations paternalistes avaient su multiplier les signes de reconnaissance envers leurs collaborateurs. C'était à l'époque de l'emploi à vie. Aujourd'hui, rares sont les entreprises qui offrent cette opportunité de réaliser en leur sein un parcours professionnel complet. Sans cette possibilité, les breloques et les beaux discours qui visaient parfois à masquer la modicité des salaires et la pénibilité du travail ont perdu toute signification. Traiter la demande de reconnaissance exclusivement par des médailles en chocolat ou tout autre signe de distinction de cet acabit n'est certainement pas la réponse attendue. Il faut se défier des symboles de reconnaissance qui cachent un manque de considération.

Toutefois, toutes les marques symboliques ne sont pas à rejeter. Il en est une dont la disparition est regrettable. Les entreprises, conseillées par les grands cabinets de consultants, ont, au cours des vingt dernières années, fortement réduit leur ligne hiérarchique. On est passé d'une organisation de type armée mexicaine à un organigramme presque plat, à trois niveaux. La rationalité et la réactivité y ont, paraît-il, beaucoup gagné. Il est également certain que cela a permis d'alléger la masse salariale. Mais en supprimant des échelons dans des organigrammes baroques, on a également supprimé des signes de reconnaissance. Imaginons l'état d'esprit de caporaux qui n'auraient pour seule perspective d'avancement, hautement improbable, dans une

armée passée au crible d'un consultant en organisation, qu'un grade de capitaine, seule position inter-
médiaire entre celle de simple soldat et celle de
général. Le rétablissement de quelques échelons
n'affecterait pas trop la rationalité organisationnelle
des entreprises et aurait l'avantage d'offrir des perspectives d'avancement et de reconnaissance.

Plus forts sont l'implication et l'investissement
dans le travail exigés par les entreprises, plus forte
est la demande de reconnaissance. C'est logique.
Certaines entreprises ont poussé les choses à
l'extrême en enveloppant leur exigence dans un discours frelaté magnifiant la culture d'entreprise, servi
lors de grandes messes obligatoires à la liturgie
aussi pesante que ridicule. Qu'ont obtenu en retour
les salariés qui ont sacrifié à ce culte ? Un sentiment
de frustration.

Il est difficile pour des dirigeants d'entreprise de
changer de discours, de mettre en garde leurs salariés contre les dangers d'une trop forte implication
dans leur travail et de leur dire que leur équilibre
passe par d'autres investissements. Pourtant le langage de la raison et de l'équilibre allégerait la
demande de reconnaissance et ferait retomber la
tension. Un patron d'une importante PME m'avait
avoué, lors d'une enquête que je menais sur la réor-
ganisation du travail consécutive au passage à

trente-cinq heures, qu'il avait interdit à ses cadres de rester après 19 heures dans les locaux et d'emmener du travail à la maison. Il estimait que des collaborateurs plus heureux, plus épanouis et ayant une vie sociale plus riche seraient des salariés plus efficaces et que l'ambiance de travail n'en serait que meilleure.

L'individualisation des augmentations salariales, la mise en concurrence généralisée des salariés ont produit des fruits amers : stress, exacerbation des frustrations et des revendications individuelles. Les entreprises qui ont joué sur ce registre se révèlent bien incapables de satisfaire toutes les demandes spécifiques de leurs salariés qu'elles ont contribué à susciter. Les rancœurs s'accumulent, l'ambiance de travail se dégrade et les relations deviennent exécrables. Il n'est alors d'autre solution que de recréer du collectif, c'est-à-dire de revenir sur l'individualisation des salaires et la mise en concurrence des salariés et de valoriser la performance d'équipe plutôt que les performances individuelles. Pour désamorcer les conflits entre personnes et le sentiment d'iniquité, il faut également instaurer des réunions d'équipe visant à recréer la coopération et à évacuer les conflits interindividuels. Certes, cela comporte un risque, l'émergence d'un conflit collectif, mais pris à temps, c'est plus facile à traiter qu'une myriade de frustrations individuelles et cela peut déboucher sur un regain de dynamisme.

Chacune des causes du désinvestissement relatif des salariés réclame un traitement spécifique. On voit mal pourquoi et comment on pourrait contrarier la tendance à la relativisation de la vie professionnelle. La vie personnelle compte désormais autant, voire plus que la vie professionnelle. Il faut le prendre en compte, trouver les moyens de concilier les deux, faire en sorte que le travail soit compatible avec la vie personnelle, et non l'inverse.

VIII.

La reconnaissance salariale

Sans méconnaître l'importance des signes symboliques, il faut admettre que le principal critère de reconnaissance, celui sans lequel tous les autres seraient vains, c'est la rémunération. En revendiquant une augmentation, les salariés revendiquent aussi un surplus de considération. Depuis quelques années, cette demande accède au premier plan. La grande majorité des salariés considèrent en effet que leurs revenus, comparativement aux revenus les plus élevés, ne progressent pas suffisamment. C'est devenu leur principale préoccupation professionnelle, avant même le maintien de l'emploi. Selon une enquête réalisée en décembre 2006, plus d'un salarié sur deux (52 %) plaçait le niveau du salaire au premier plan de ses préoccupations alors qu'ils n'étaient que 29 % dix ans auparavant[1]. Il va de soi

1. Baromètre du « Bien-être et de la motivation », Accor Services, enquête réalisée par Ipsos Loyalty.

que la préoccupation du pouvoir d'achat explique la montée de cette demande d'augmentation salariale, mais, selon moi, il s'agit aussi d'une demande de reconnaissance dans un environnement où la rémunération du travail, relativement à d'autres revenus, semble insuffisante et témoigne d'un manque de considération.

Nicolas Sarkozy l'avait bien compris et avait pris en compte cette demande sociale à sa manière, dans ses discours de campagne, en affirmant à maintes reprises la valeur du travail. Ses propos ont constitué des signes indéniables de reconnaissance et lui ont certainement attiré les suffrages de beaucoup de ceux qui souffraient de la dévalorisation du travail. Mais un discours ne saurait suffire, il faut aussi des actes. Pour ceux qui lui ont fait confiance, la déception doit être cruelle car les augmentations de salaire n'ont pas été à l'ordre du jour, sinon l'injonction faite aux entreprises de négocier annuellement les salaires sans obligation de les revaloriser. Le SMIC dont la fixation relève du gouvernement n'a pas bénéficié en 2008, pour la première fois depuis fort longtemps, du « coup de pouce » d'augmentation habituel. Ne reste que la détaxation des heures supplémentaires comme application du fameux « travailler plus pour gagner plus ». On est loin des accents lyriques de la campagne électorale.

Il est évident que le prestige attaché à l'activité professionnelle, en dehors de quelques métiers jouissant d'une forte considération dans l'opinion, découle pour l'essentiel de la rémunération. Le prestige accordé à un salaire est directement indexé sur sa place relative dans l'échelle des rémunérations. Les individus évaluent la reconnaissance dévolue à leur travail en comparant leur salaire avec les revenus d'autres catégories. Un salaire au niveau du SMIC est en conséquence perçu comme le signe d'une faible reconnaissance. Trois catégories de revenus, en dehors du SMIC, permettent de situer le niveau de reconnaissance dont bénéficient chaque type d'emploi et, de manière générale, le travail : les revenus du patrimoine, ceux des plus hauts dirigeants et le RMI ou le rSa (revenu de solidarité active). Or la confrontation des revenus du travail avec ces trois catégories différentes de revenus a, au cours des dernières années, conforté l'impression d'une perte de reconnaissance du travail, apparemment dévalué par rapport aux revenus du patrimoine, ridiculisé par les rémunérations stratosphériques des dirigeants des grandes entreprises et, en bas de l'échelle, à peine supérieur au RMI et aux différentes allocations de solidarité, au point qu'on pouvait se demander si, d'un point de vue strictement financier, il y avait un intérêt à travailler.

Selon une idée largement répandue, au point qu'elle a pratiquement rang de croyance, la part des rémunérations allant aux investisseurs aurait fortement augmenté, au détriment de celles revenant aux travailleurs. Un examen rigoureux montre qu'il n'en est rien, tout du moins pour la France. Dans ce pays en effet, le partage de la valeur ajoutée apparaît stable depuis le début des années 1990. Selon les évaluations du Cercle de l'emploi, des revenus et de la cohésion sociale (CERC), la part des rémunérations des salariés dans la valeur ajoutée des sociétés non financières se stabilise aux alentours de 68 %. Toutes les études s'accordent sur ce constat qui va à l'encontre de l'impression du plus grand nombre. Mais le constat de la stabilité du partage de la valeur ajoutée doit être correctement interprété car il est, en tant que tel, trompeur. Il masque en effet d'importantes disparités tant parmi l'ensemble salarial que parmi la masse des revenus du capital. Du côté des salaires en effet, il y a un gouffre entre les rémunérations d'une poignée de dirigeants et la masse des 13 % de salariés payés au SMIC, tandis que du côté des revenus du capital, on constate des écarts gigantesques entre les revenus inférieurs et les revenus les plus élevés.

Lorsque les salariés évaluent la valeur sociale reconnue à leur travail, ils comparent leur salaire aux revenus des dirigeants des grandes sociétés, peu importe que ceux-ci soient des revenus salariaux ou des revenus du capital. Or les révélations sur les revenus de certains dirigeants de grandes entreprises, leurs bonus et leurs parachutes dorés, ont fortement contribué à signifier le manque de considération sociale envers le travail. Les sommets vertigineux atteints par les revenus de quelques grands patrons, les *fat cats*, comme les qualifie la presse anglo-saxonne, disent *de facto* le peu de cas qui est fait par les conseils d'administration de certaines entreprises de la contribution de la masse des salariés. Au cours des vingt dernières années, l'écart entre les revenus des grands patrons et ceux de leurs salariés s'est considérablement accru. Rockefeller, personnification de la richesse capitaliste, avait en son temps préconisé que le salaire des dirigeants d'entreprise ne soit pas supérieur à 40 fois celui de leurs ouvriers, or le salaire moyen du P-DG américain est passé de 85 fois le salaire moyen d'un salarié en 1990 à 500 fois en 2000. Selon le cabinet Proxinvest, les patrons des entreprises cotées au CAC 40 ont touché en moyenne en 2004 l'équivalent de 162 années de SMIC sous forme de rémunération salariale et 204 années sous forme de stock-options. Une étude récente de Camille Landais[1], de

1. Camille Landais, *Les Hauts Revenus en France (1998-2005). Une explosion des inégalités ?*, Paris School of Economics, février 2007.

la Paris School of Economics, met en évidence les très fortes inégalités de progression salariale au cours de la période 1998-2005. Durant ces années le salaire moyen s'est accru de 4 % mais le salaire du 1 % le mieux payé a crû de 14 %, celui du millième supérieur de 29 % et celui du dix-millième supérieur de 51 %. Il y a donc salaire et salaire. La situation du salarié moyen, relativement à celle des mieux payés, qu'ils soient dirigeants de grandes entreprises *traders* ou *brokers*, s'est dégradée. À cet égard, ce salarié moyen peut estimer que son travail reçoit, d'année en année, une moindre reconnaissance.

L'écart entre le salaire moyen et certains revenus du patrimoine accentue encore le sentiment d'une dévaluation du travail. Cette catégorie de revenus, tout comme les patrimoines eux-mêmes, est frappée par une très forte disparité. Le centième le plus riche de la population possède à lui seul 13 % du patrimoine total, qui est, en outre, composé des actifs qui rapportent le plus. Selon l'étude de Camille Landais, les revenus du capital constituent 3 % des revenus des neuf dixièmes des foyers, mais cette proportion atteint 23 % pour le centième le plus riche, 38 % pour le millième supérieur et 55 % pour le dix-millième le plus fortuné. Conclusion logique de cela : le patrimoine paie mieux que le travail. Il paie même de mieux en mieux puisque la progression de ces revenus a été beaucoup plus rapide au cours de la dernière décennie que celle des revenus du travail. Selon la même étude, les salaires ont crû en moyenne de 0,6 % par an en valeur réelle au cours de la période 1998-2005 alors que les revenus des capitaux mobiliers ont augmenté de 4 % l'an.

À l'opposé de ces sommets de richesse, la comparaison avec le RMI ou le nouveau RSA, en particulier la mesure de l'écart entre le SMIC et ces revenus de solidarité, peut être interprétée comme le signe du peu de prix attaché au travail des salariés du bas de l'échelle. D'un côté, les bas salaires sont ridiculisés par les rémunérations les plus élevées mais, d'un autre côté, ils paraissent trop faiblement supérieurs aux revenus distribués à ceux qui ne travaillent pas. En juillet 2008, le montant du SMIC mensuel net est de 1 037 euros alors que le RMI versé à une personne seule ayant deux enfants est de 806 euros. Ce n'est pas le montant du RMI qui pose problème mais celui du salaire minimum. La logique voudrait qu'il soit augmenté. En effet, accroître les salaires et en particulier les plus bas pour réduire les inégalités de revenus semble *a priori* le moyen le plus efficace de reconnaître le travail.

Mais ce remède pourrait bien être pire que le mal car il est défavorable à l'emploi.

Si les salariés sans qualification ne trouvent pas d'emploi, c'est parce que le niveau du salaire minimum est supérieur à leur productivité. Dans ces conditions, augmenter le SMIC conduirait à accroître le nombre des chômeurs. L'augmentation du salaire minimum et, au-delà, de l'ensemble des bas salaires est nécessaire du point de vue de la justice sociale et de la reconnaissance due au travail mais l'élévation du coût du travail qui en résulte joue contre l'emploi. On se trouve alors confronté à une équation difficile à résoudre. Il y a deux voies complémentaires pour sortir de cette contradiction : la réduction des charges sociales pesant sur le coût du travail et l'élévation du niveau de qualification. La première suppose de remplacer les cotisations sociales par d'autres prélèvements, par exemple l'augmentation de la CSG qui met à contribution tous les revenus. La deuxième permet d'accroître la productivité du travail grâce à l'élévation de sa qualification. Les bas salaires sont en effet une conséquence du faible niveau de formation et de qualification.

Il resterait cependant des bas salaires même si leur écart avec les revenus d'assistance s'accroît. Pour que le salaire minimum ne soit pas déconsidéré ni stigmatisé comme un signe d'indignité sociale, il faut qu'il ne soit que le premier échelon, c'est-à-dire le premier pas d'une ascension. Autrement dit il faut proposer aux salariés qui débutent au bas de l'échelle des possibilités de progression. Cela passe par une offre de formation continue adaptée et la prise en compte des acquis de l'expérience. Ce serait une façon pour la société de reconnaître la valeur des travailleurs sur le long terme et de les inciter à améliorer leur niveau de compétences.

IX.

Assurer les parcours professionnels

Pour beaucoup, le risque de perdre son emploi s'accroît, au point qu'on considère comme une nouvelle norme de changer plusieurs fois d'emploi et de travail au cours d'une vie active. Même ceux qui bénéficient de la stabilité d'emploi doivent consentir un effort constant d'adaptation car les techniques, le cadre et l'environnement de leur activité changent continuellement. Une partie des techniques assimilées est dévaluée d'année en année et il faut en intégrer de nouvelles et rester sur le qui-vive pour ne pas être frappé d'obsolescence comme un vieil ordinateur. La nécessité du changement, la pression concurrentielle pèsent sur la majorité des emplois et génèrent un sentiment d'incertitude. L'entreprise n'a plus cette capacité à proposer un déroulement de carrière, y compris à ses salariés les plus compétents. Elle peut tout au mieux les assister dans l'adaptation aux nouvelles techniques et dans les nécessaires reconversions.

Les salariés sont en proie à une forte incertitude sur leur avenir et, pour une large part, du moins en France, abandonnés à eux-mêmes, sans soutien institutionnel, subissant un changement qu'ils ont du mal à comprendre. Ils ne sont nullement des acteurs informés et conscients de leur parcours professionnel. Dans ces conditions, les injonctions permanentes au changement et à la flexibilité suscitent plus d'angoisse qu'elles n'aident à comprendre et maîtriser les évolutions en cours.

Si on prend acte de la relative impuissance des entreprises à assurer l'avenir professionnel de leurs salariés, de leur affaiblissement dans le cadre de la mondialisation, de la part croissante de salariés employés dans des petites entreprises, une alternative se dessine clairement. Soit, dans une perspective radicalement individualiste, les individus seront sommés de se débrouiller par eux-mêmes pour se mettre à niveau et s'adapter, sans garantie que cet effort suffise à leur assurer une situation professionnelle convenable, soit des institutions collectives contribueront à la prise en charge des mutations nécessaires en dispensant des formations adaptées et des aides, y compris financières, à la reconversion. Seule une telle réassurance collective pourrait lever les craintes et les incertitudes qui pèsent sur les personnes, minent leur confiance dans l'avenir et limitent leur implication dans le travail.

Pour se sentir bien au travail, il ne suffit pas que l'activité soit intéressante, que les conditions de travail soient correctes, le cadre agréable et les relations avec les collègues et les supérieurs intenses, enrichissantes et détendues. Tout cela certes est important, mais il y manque un élément essentiel, l'assurance que cette situation vécue au présent se prolongera dans l'avenir. Ce qui est espéré ou redouté pèse en effet fortement sur l'appréciation de la situation et peut aussi bien l'améliorer que la dégrader. Un travail pénible et de peu d'intérêt deviendra supportable et mobilisateur s'il est perçu comme la voie d'accès à une progression professionnelle. En revanche, un poste intéressant et agréable peut perdre beaucoup de son attrait immédiat si son avenir est menacé ou même incertain. La perception de l'avenir, que ce soit celui de l'entreprise au sens large ou celui de sa situation personnelle dans son emploi, est un élément décisif dans la manière de ressentir sa situation. Les carrières professionnelles, si on peut encore employer ce terme qui présuppose un minimum de continuité, semblent, dans le cadre du capitalisme mondialisé, minées par l'incertitude. Cette dégradation touche au premier chef les salariés mais frappe aussi les professions indépendantes. Celles-ci, en effet, connaissent la crainte du dépôt de bilan par perte de clientèle ou par défaut de paiement. Seuls échappent à ce sentiment les fonctionnaires protégés par leur statut et certaines professions réglementées comme les médecins. Hors de ces situations, l'insécurité professionnelle est le lot commun.

Plus qu'à une crise de l'emploi, on est confronté à une crise de l'avenir. C'est cela qui a été touché au cœur par la conjonction détonante de la mondialisation et des possibilités inédites ouvertes par les nouvelles technologies de l'information et de la communication. La perception de l'avenir a changé nettement au cours des vingt dernières années, comme l'a montré Richard Sennett dans son livre *Le Travail sans qualités*[1]. Il y explique qu'à l'époque des trente glorieuses et du fordisme triomphant les salariés n'étaient pas préoccupés par l'avenir de leur emploi, certains de rester dans l'entreprise qui les employait ou de retrouver un poste équivalent ailleurs. Cette assurance leur permettait de se prolonger dans un avenir qui apparaissait comme la poursuite du parcours linéaire déjà entamé. Autrement dit, leur

1. Richard Sennett, *Le Travail sans qualités*, Paris, 10/18, 2003.

vie était prévisible. En outre, s'ils étaient soumis à des rythmes de production élevés, en régime de croisière, leur charge de travail fluctuait peu et l'effort qui leur était demandé était relativement constant.

Ces deux piliers du régime temporel du travail sont aujourd'hui renversés. L'effort exigé est désormais soumis à de fortes variations tandis que l'avenir est devenu plus incertain. La mondialisation et les nouvelles formes de concurrence ont fortement réduit l'horizon de prévisibilité des entreprises qui reportent sur les salariés les risques qu'elles encourent, exigeant d'eux qu'ils s'adaptent à la nouvelle donne et, au besoin, qu'ils se reconvertissent. Si nécessaire, elles procèdent à des licenciements massifs car elles n'ont plus la capacité, qui faisait avant leur force et leur attrait, de garantir l'emploi. Le statut salarial repose sur le consentement par le salarié à sa subordination à un employeur en contrepartie d'une protection contre le risque que ce dernier endosse. Subordination, salaire et sécurité pour le salarié, en particulier assurance sur l'avenir de la relation d'emploi, risques et profits pour l'employeur, tels sont, en principe, les termes de la relation salariale qui se trouve ainsi vidée d'une partie de sa substance. La subordination à l'employeur demeure, mais le risque est désormais partagé par le salarié. C'est cette situation de déséquilibre qui explique pourquoi les salariés perdent confiance dans leur entreprise et désinvestissent leur travail.

L'insécurité professionnelle se lit non seulement dans les chiffres du chômage mais aussi dans la croissance du nombre d'emplois précaires. Les différentes formes d'emplois précaires ou atypiques se développent, que ce soient les contrats à durée déterminée, le travail intérimaire, les différentes formules de travail subordonné telles que les stages, les contrats de vacation, les contrats dits d'usage. Entre 1982 et 2002, selon l'INSEE, le nombre de salariés en CDD a triplé : ils sont plus de deux millions en 2002, 9 % du total, alors qu'ils n'étaient que 2,5 % en 1982. Le nombre d'intérimaires et de titulaires de contrats aidés à durée limitée financés par l'État a quadruplé alors que, pendant la même période, la population active ne s'est accrue que de 9 %. Ce phénomène n'est pas particulier à la France, il touche la plupart des pays européens, les contrats temporaires concernent en moyenne 15 % des salariés et leur nombre s'est accru de 0,7 % en 2005. Les CDD représentent aujourd'hui deux embauches sur trois et les fins de CDD un quart des entrées au chômage.

Tous les pays développés qui ont connu les années de forte croissance de l'après-guerre font l'expérience de cette incertitude de l'emploi. La France autant que les autres mais pas davantage. Pourtant, la France est un des pays européens où le sentiment d'insécurité à l'égard de l'emploi est le plus élevé alors que la protection juridique de l'emploi y est une des plus fortes. Cela exige une explication.

Pourquoi les salariés français sont-ils en proportion parmi les plus nombreux en Europe à éprouver un sentiment d'insécurité pour leur emploi ? Les craintes de licenciements peuvent se comprendre mais ceux-ci ne sont pas plus nombreux en France. Sur 100 salariés du privé ayant un emploi en 2000, 85 occupaient toujours le même emploi un an plus tard, 10 occupaient un autre emploi et 5 étaient au chômage. Aux Pays-Bas et au Danemark, seuls huit salariés sur dix avaient conservé leur emploi un an plus tard, 17 % occupaient un autre emploi et 4 % étaient au chômage. Au Royaume-Uni, l'instabilité est encore plus élevée puisque trois salariés sur quatre avaient conservé leur emploi, 18 % en avaient changé et 6 % étaient au chômage. La situation des salariés français comparée à ce qui se passe dans d'autres pays européens est plutôt stable.

Les expériences du Danemark ou de la Suède montrent justement qu'il est possible de concilier une adaptation accélérée de l'économie à la mondialisation et la sécurité des parcours professionnels malgré l'instabilité de l'emploi[1].

Si les salariés de ces pays ne se sentent pas en insécurité, ce n'est pas parce que leurs emplois sont protégés, au contraire, ils sont plus exposés à la concurrence internationale, mais parce qu'ils bénéficient pendant leur période de chômage d'un revenu de remplacement relativement élevé, d'une assistance efficace pour retrouver un emploi et, si nécessaire, d'une formation gratuite donnant accès aux nouveaux métiers. Dans ces conditions, le chômage reste une épreuve mais ne remet en cause ni le niveau de vie immédiat ni les perspectives d'avenir. Il peut même constituer un nouveau départ. Conscients qu'ils seront correctement assistés s'ils perdent leur emploi, les salariés et les travailleurs indépendants des pays nordiques gardent confiance dans l'avenir malgré le rythme de transformation rapide de l'économie et ses conséquences sur l'emploi. Pour résumer, l'antidote à l'insécurité que devrait générer l'instabilité de l'emploi est composé de trois ingrédients : une indemnisation généreuse du chômage, une aide conséquente au retour à

1. Voir à ce sujet mon ouvrage *Sortir du chômage*, Paris, Mango, 2007.

l'emploi et un solide système de formation continue. Sur le papier tout cela paraît simple, mais est-
ce transposable tel quel en France ? Aujourd'hui, ce
n'est guère envisageable. En revanche, la compréhension de la logique de ces systèmes est riche
d'enseignements et peut inspirer les réformes que
chaque pays devrait engager pour améliorer le
sentiment de sécurité d'emploi si nécessaire à
l'implication dans le travail et à la satisfaction qu'on
en retire.

Le premier élément c'est le niveau du revenu de
remplacement versé par les caisses d'assurance chômage. Pour les salariés et pour les indépendants qui
peuvent aussi souscrire une assurance chômage, le
revenu de remplacement au Danemark peut s'élever
jusqu'à 90 % du revenu antérieur. Il est en outre
versé pendant quatre ans si nécessaire. Ceux qui ne
remplissent pas les conditions requises, notamment
de durée de cotisation, peuvent bénéficier, selon
leurs ressources, d'une aide sociale. Avec un tel
niveau du revenu de remplacement, le chômage, s'il
ne dure pas, n'a pas de conséquence financière dra-
matique.

Mais si l'aide aux chômeurs se limitait à cela, leur
retour à l'emploi ne serait guère facilité. Sur ce
point deux conceptions s'opposent : la première,
d'inspiration strictement libérale, vise à doter les

personnes des ressources nécessaires mais leur laisse la responsabilité d'en faire bon usage pour optimiser leur parcours professionnel. Une seconde perspective (social-démocrate) met l'accent sur les appuis institutionnels et les réglementations encadrant les pratiques des entreprises et orientant les actions individuelles. Ce débat peut être présenté comme l'opposition entre une approche centrée sur l'individu et une approche privilégiant les dispositifs institutionnels. Si on se détache des positions idéologiques tranchées, il apparaît que la solution la plus efficace suppose d'accroître à la fois les ressources offertes aux individus sans négliger les cadres collectifs, les règles et les soutiens institutionnels. C'est la voie qui a été choisie par les pays nordiques. Les chômeurs danois, outre une allocation élevée, peuvent compter sur des services performants d'aide au retour à l'emploi, ce qui explique que la plupart d'entre eux retrouvent un travail dans des délais très brefs. La proportion de chômeurs qui n'ont pas trouvé d'emploi ou de formation au bout d'un an était en 2007 de 14 % en Suède, 16 % au Danemark mais de 40 % en France.

L'investissement dans la formation est le troisième moteur de la sécurisation des parcours professionnels. Même ceux qui ne changent pas d'entreprise et de spécialité doivent, dans une économie en évolution constante, consentir un effort de formation. Quant à ceux dont le secteur d'activité ou la spécialité disparaît, la formation de reconversion est une nécessité absolue. Il faut considérer que, désormais, la formation continue est indispensable pour pouvoir espérer garder un emploi ou en retrouver un. L'investissement des pays nordiques dans ce domaine est très nettement supérieur à celui consenti en France. Notre pays, dont le système de formation initiale est peu performant, reste à la traîne.

L'effort doit d'abord porter sur la formation initiale, car on sait qu'il est difficile de combler les lacunes de la formation initiale par une formation continue. Cette dernière n'est efficace qu'auprès de ceux qui ont déjà acquis un bon niveau de formation. On ne peut cependant pas se résigner à abandonner à leur sort des centaines de milliers de jeunes sans formation. En France, chaque année, environ 120 000 jeunes sortent du système scolaire sans diplôme. Leurs chances de bénéficier d'une carrière professionnelle ascendante sont des plus faibles, quelles que soient par ailleurs les aides dont ils pourront disposer pour trouver un emploi. Mais il faut être conscient que leur remise à niveau est coûteuse et exige la mise en place de dispositifs nouveaux associant rattrapage des bases et formation professionnelle. Or les moyens consacrés à la formation continue en France sont très insuffisants. Selon Eurostat, l'office de statistique européen, en 2007, 29 % des Danois ayant entre 25 et 64 ans ont participé à une formation continue au cours des quatre dernières semaines et 32 % des Suédois, mais seulement 7 % des Français.

Une autre leçon à retenir, à mon sens, est que la sécurisation des parcours professionnels pour le plus grand nombre suppose une moindre protection de l'emploi des *insiders*, ceux qui sont bien en place et, en contrepartie, des investissements élevés dans des dispositifs d'aide au retour à l'emploi, d'indemnisation du chômage et de soutien aux *outsiders*, ceux qui sont à l'extérieur des entreprises, pour leur permettre d'accéder à l'emploi. En France, l'insécurité de l'emploi ne touche qu'une partie des salariés et des indépendants. L'ensemble de la fonction publique est à l'abri du chômage, de même que certaines professions indépendantes. Parmi les salariés du privé, ce sont les moins qualifiés sur lesquels pèse le plus fortement le risque de perte d'emploi. Par ailleurs, la protection des chômeurs est très insuffisante, la moitié des chômeurs ne sont pas indemnisés, en particulier les primodemandeurs d'emploi et ceux qui n'ont connu que des emplois précaires de courte durée. L'objectif recherché devrait être une couverture chômage universelle, ouverte aux indépendants et aux jeunes n'ayant jamais travaillé, d'un niveau proche de 80 % du salaire antérieur mais plafonnée et au moins équivalente au RMI pour ceux qui n'ont jamais travaillé. En outre, l'agence de l'emploi devrait disposer de plus de moyens, notamment en personnel, pour pouvoir aider correctement les demandeurs d'emploi. Ce programme exige, on s'en doute, des moyens budgétaires conséquents. Le Danemark consacre plus de 4 % de son PIB (4,3 % en 2004), au financement de ses dispositifs de politique d'emploi, soit environ 60 % de plus que la France (2,6 % en 2004), alors que son taux de chômage est deux fois moins élevé. Pour trouver l'argent nécessaire, il faudrait revoir le mode de financement du risque chômage. Actuellement, l'Unédic fonctionne en partie comme une compagnie d'assurances. Ne cotisent que ceux qui encourent le risque mais n'en bénéficient que ceux qui ont suffisamment cotisé. L'assurance chômage contribue donc peu à sécuriser les parcours professionnels, elle laisse de côté les plus précaires. Pour lui faire jouer un rôle plus large, il faudrait modifier son mode de financement et élargir le nombre des allocataires.

Afin de sécuriser les parcours professionnels de ceux qui pâtissent le plus de l'insécurité de l'emploi, il faut en faire les principaux bénéficiaires de l'aide au retour à l'emploi et des programmes de formation. L'augmentation des moyens destinés à une aide plus efficace au retour à l'emploi et au versement d'allocations plus généreuses peut être considérée comme un investissement productif dont le retour, au terme de quelques années, sera l'élévation de la croissance, une baisse du chômage et de la précarité et une plus grande satisfaction retirée du travail. Encore faut-il financer cet investissement alors que les marges budgétaires sont limitées et la dette publique élevée. Comment faire ? Une première mesure pour accroître le budget de l'assurance chômage consisterait à faire cotiser les fonctionnaires, qui actuellement ne versent qu'une très faible contribution, au même niveau que les autres salariés. Ce n'est pas parce qu'ils ne risquent pas le chômage qu'ils doivent être dispensés de participer à la couverture du risque. Mais plutôt que de raisonner en termes de cotisation chômage reposant uniquement sur les salariés, il serait préférable de basculer en partie vers un financement d'origine fiscale par une augmentation de l'impôt sur le revenu, ne sollicitant des salariés et des entreprises qu'une contribution minime. L'avantage de ce système proche de ce qui existe en Suède et au Danemark est qu'il élargit les sources de financement sans alourdir les cotisations sociales qui pèsent sur le coût du travail et freinent la création d'emplois.

Si l'on accède à la demande pressante des organisations patronales qui veulent un assouplissement de la législation protectrice de l'emploi, laquelle constituerait un frein à l'embauche et à l'adaptation des entreprises aux transformations de l'environnement concurrentiel, il ne faut pas s'arrêter là. Il y faut les contreparties de sécurisation des parcours professionnels que je viens de présenter, et remettre en question le statut des fonctionnaires. En effet, la déréglementation de la protection de l'emploi implique en toute logique de revoir l'ensemble des règles, y compris celles dont bénéficient les fonctionnaires. Pour quelles raisons maintenir aujourd'hui une disparité aussi marquée de la protection d'emploi entre fonctionnaires et salariés du privé ? Pourquoi les fonctionnaires devraient-ils continuer à bénéficier d'une totale protection de l'emploi ? Le fait de travailler pour l'État ne constitue pas une raison suffisante alors que, à l'exception de quelques corps, policiers ou militaires notamment, ils n'encourent pas plus de risques et ne supportent pas plus d'astreintes que les salariés du privé. Rien ne justifie que 20 % des salariés bénéficient d'un statut d'exception. L'équité voudrait que les salariés de l'État et des collectivités territoriales, à l'exception de ceux chargés de fonctions régaliennes, ne bénéficient plus systématiquement d'une garantie d'emploi à vie mais que, en revanche, les carrières professionnelles des autres salariés et des travailleurs indépendants soient mieux assurées.

Faire passer cette réforme n'est certainement pas aisé, on imagine les protestations des syndicats de fonctionnaires, les manifestations et mouvements de grève ! Des réformes de ce type ont pourtant été réalisées, sans conflit majeur, en Suède. Jacques Delpla et Charles Wyplosz ont proposé dans un livre paru en 2007, *La Fin des privilèges*, un plan ingénieux, proche de ce que les Suédois n'ont pas hésité à mettre en œuvre. Les fonctionnaires en place auraient le choix entre continuer à bénéficier de leur statut protecteur et du régime de retraite qui y est attaché et y renoncer en contrepartie d'une indemnité calculée en fonction de la perte subie. Quant aux nouveaux fonctionnaires, ils seraient embauchés sous le nouveau statut non protégé. Les règles d'accès à la fonction publique pourraient dès lors être assouplies sans obligation de concours spécifiques. La gestion de l'emploi public en deviendrait également plus aisée, avec la possibilité de réduire les effectifs de certains corps et de les accroître dans d'autres, en fonction des besoins. Reste l'objection que la perte de sécurité d'emploi des fonctionnaires réduise leur niveau d'investissement dans le travail. Pour éviter ce désinvestissement possible, il faudrait que l'avancement professionnel soit plus clairement indexé sur les résultats et la qualité du travail réalisé.

La mise en place d'un système équilibré de sécurisation des parcours professionnels ou, si l'on préfère, de « flexicurité » est-elle possible dans une France apparemment rétive aux réformes sociales ? Je le crois, malgré les obstacles actuels. Un embryon de consensus s'est dégagé ces dernières années. L'ensemble des partenaires sociaux, du Medef à la CGT, s'accorde sur l'objectif de sécurisation. Mais cela ne signifie pas, loin s'en faut, une absence de divergences sur les moyens à mobiliser. Tous en effet ne mettent pas exactement le même contenu sous cette étiquette. Cependant, l'accord du 11 janvier 2008 sur la modernisation du marché du travail, signé par l'ensemble des organisations patronales et syndicales à l'exception de la CGT, laisse augurer de possibles accords dans ce sens.

Les différentes propositions patronales et syndicales reviennent au final à concilier la flexibilité que réclament les employeurs et la sécurité de l'emploi que souhaitent les salariés. La nouveauté c'est que la sécurité demandée par les organisations de salariés, y compris par la CGT, n'est plus le maintien à vie de l'emploi dans la même entreprise mais la sécurité d'un parcours professionnel pouvant comporter plusieurs emplois entrecoupés de périodes de formation ou même de chômage, mais un chômage correctement indemnisé.

S'il n'est pas absolument certain que la France édifie par un accord négocié son propre modèle de « flexicurité » et de sécurisation des parcours professionnels, les évolutions récentes des partenaires sociaux laissent entrevoir un espoir raisonnable. Alors, les salariés, en France comme dans les pays nordiques, mieux assurés de leur avenir professionnel malgré les aléas de l'emploi, retrouveraient la confiance dans l'avenir qu'ils ont perdue et pourraient réinvestir le travail.

X.

Concilier vie professionnelle et vie familiale

Les Européens sont attachés au travail, toutes les enquêtes le montrent, mais pas au point d'y sacrifier leur vie familiale. Ils ne s'y investissent qu'à condition que leur vie professionnelle ne mette pas en péril leur bonheur privé. Les chefs d'entreprise auront beau exhorter leurs salariés à s'investir dans leur travail et leur faire miroiter primes et avantages, ils n'obtiendront que des résultats dérisoires tant qu'ils ne se seront pas attaqués au principal blocage : la difficulté dans la société présente à mener de front vie professionnelle et vie familiale. Ce n'est pas un hasard si la Commission européenne en a fait une de ses priorités mais il ne suffit pas de proclamer cet objectif, il faut en préciser les modalités d'application. Puisqu'on ne peut plus exiger que les salariés fassent passer leur travail avant leur vie familiale, il faut que les entreprises proposent des conditions de travail compatibles avec les exigences de la vie privée. Mais avant de se lancer dans les propositions pratiques, voyons pourquoi cette préoccupation qui semble aujourd'hui si évidente n'est apparue sur le devant de la scène que dans la dernière décennie du XXe siècle.

La volonté de concilier vie professionnelle et vie familiale est la conséquence des transformations des rapports du travail avec les autres activités et de l'accession des femmes au marché du travail. Dans le monde d'avant l'industrie moderne, celui des paysans et des artisans, les travaux de la terre ou de l'échoppe et les travaux domestiques s'entremêlaient, l'unité familiale était aussi une unité de travail dans laquelle les loisirs trouvaient leur place. Tous les membres de la famille, y compris les jeunes enfants, participaient peu ou prou aux différentes tâches. Les horaires et les rythmes du travail s'imposaient naturellement à toute la maisonnée, sans même qu'il vienne à l'esprit de quiconque l'idée d'un possible aménagement du temps. Les seuls conflits d'horaires potentiels opposaient ceux que dictait le travail à ceux qu'imposait l'Église – repos du dimanche et des jours de fête religieuse.

Cette harmonie originelle partagée entre labeur et rites religieux a été bousculée par la révolution industrielle qui a circonscrit la sphère du travail en lui assignant un espace et un temps exclusivement dédiés. L'industrie a opéré une double séparation, réservant au travail un lieu spécifique – l'atelier ou le bureau – et un temps délimité marqué par l'opération de pointage. En conséquence, la vie privée a acquis son espace – le domicile – et son temps – ce qui restait après la journée ou la semaine de travail. Une frontière a ainsi séparé l'espace du travail du domicile et le temps de travail du temps privé. Il reste que cette séparation, à la fois réelle et symbolique, entre sphère privée et sphère du travail, n'est pas totalement étanche. Certains parviennent, pendant leur temps de travail, à glisser des activités à caractère privé et, inversement, bien des salariés emportent du travail chez eux. Mais cela n'empêche pas que les deux sphères soient bien délimitées. La séparation entre lieu de travail et domicile a structuré les représentations et les pratiques, et servi de repère collectif et individuel. Le salariat et l'urbanisation ont eu le grand mérite de permettre l'émergence progressive d'un temps personnel dédié à des activités privées. En effet, il suffisait en principe de quitter l'usine ou le bureau pour prendre congé du travail. La constitution d'un temps privé, libéré de l'emprise du travail professionnel, bien que limité à l'origine, a suscité la revendication d'une réduction de la durée du travail et l'aspiration à un temps dédié à la famille, aux amis, aux loisirs et à des activités autonomes. Malgré l'insuffisance du temps disponible pour la famille et les activités privées ou sociales, la société industrielle a fonctionné sur un mode d'aménagement du temps permettant la conciliation entre la vie professionnelle et la vie familiale. Ce modèle industriel se caractérisait par une durée du travail relativement élevée, des horaires fixes mais réguliers, un travail essentiellement masculin. La conciliation entre la vie professionnelle et la vie familiale reposait sur un partage au sein du couple entre le travail rémunéré de l'homme déchargé des travaux domestiques et des soins aux enfants, et le travail domestique non rémunéré de la femme, chacun étant soumis à ses propres horaires. L'homme suivait les horaires que lui imposait son entreprise tandis que la femme se conformait aux horaires sociaux des repas et à ceux des écoles. Dans cette configuration, il n'y avait pas ou peu d'incompatibilités entre horaires de travail et horaires domestiques, y compris en cas de travail de nuit.

Cet équilibre propre à la société industrielle, reposant sur l'assignation des mères au domicile, est désormais révolu sous les effets conjugués de plusieurs évolutions récentes dont la plus importante est la croissance de la proportion de femmes qui ont un travail salarié. Aujourd'hui, dans la société postindustrielle, les difficultés ne proviennent pas d'un manque de temps qui serait dû à une durée individuelle du travail trop élevée. Un quart des salariés seulement estiment qu'ils manquent de temps pour se consacrer à leur famille, à leurs amis et à des activités culturelles[1]. Pourtant les hommes et les femmes qui exercent une activité professionnelle estiment qu'il est difficile de concilier vie familiale et vie professionnelle. Un peu plus de quatre actifs sur dix déclarent en effet avoir eu à plusieurs reprises des difficultés de ce type en raison de leur travail[2]. Ce sont les horaires de travail qui se révèlent difficilement compatibles avec la vie de famille. La solution des conflits entre horaires de travail et horaires des services de garde, des écoles et des commerces ne réside donc pas dans une nouvelle baisse générale de la durée du travail mais dans la compatibilité de ces différents horaires. Plusieurs évolutions interdépendantes ont contribué à l'aggravation des difficultés de conciliation entre vie professionnelle et vie familiale : l'augmentation du travail féminin rémunéré, l'accroissement de la consommation, l'élévation du niveau de vie et de la demande de loisirs, et le développement des horaires atypiques.

1. Sondage Ipsos pour l'Institut Chronopost réalisé en 2005.
2. Selon l'enquête ERFI (Étude des relations familiales et intergénérationnelles) effectuée par l'INED en 2005.

À l'échelle du ménage, le temps consacré au travail a augmenté : bien que la durée individuelle du travail ait fortement baissé au cours des dernières décennies, les ménages disposent aujourd'hui de moins de temps libre en moyenne qu'il y a cinquante ans. Aujourd'hui, un couple travaille en général soixante-dix heures par semaine contre quarante-cinq heures environ car les deux conjoints ont un emploi, alors que dans les années 1960, quand seul le mari gagnait sa vie, la durée du travail rémunéré du couple ne dépassait pas quarante-cinq heures. En outre, les temps de trajet entre domicile et lieu de travail se sont allongés. À partir des années 1960, l'arrivée massive des femmes sur le marché du travail ne s'est pas accompagnée d'une adaptation des horaires de travail ni d'une croissance suffisante de l'offre de services de garde d'enfants. Les ménages ont accru sensiblement leurs revenus mais ont dû faire face à d'énormes difficultés pour concilier travail à temps plein des parents et soins aux enfants. Par la suite, dans le courant des années 1980, le développement du temps partiel féminin et l'augmentation des places en crèches et chez les assistantes maternelles ont contribué à faciliter la tâche des femmes sur lesquelles reposait, pour l'essentiel, la charge de concilier horaires de travail et soins aux enfants. Mais, malgré cela, des difficultés considérables demeurent pour les ménages ayant de jeunes enfants. Les problèmes sont encore plus complexes pour le 1,76 million de familles monoparentales dans lesquelles vivent près de 18 % des enfants. Dans ces familles en effet, la charge de la conciliation entre vie professionnelle et vie de famille repose sur un seul adulte, le plus souvent une femme.

Parallèlement à la progression de l'emploi féminin et du revenu des ménages, la croissance de l'offre de biens et de services a accru les besoins de temps nécessaire à leur consommation. Regarder la télévision ou surfer sur Internet sont deux activités particulièrement chronophages. En outre, la satisfaction des besoins matériels de base, permise par l'élévation du niveau de vie, a déplacé les exigences vers la quête d'une plus grande qualité de vie dont la richesse et l'harmonie de la vie familiale et de la vie sociale sont des éléments essentiels. Les femmes, traditionnellement plus sensibles au bien-être familial, mais aussi, de plus en plus, les hommes souhaitent consacrer plus de temps, et de meilleure qualité, à la vie de famille et à leurs proches. Or, pour être satisfaite, cette aspiration croissante exige des horaires réguliers et compatibles avec ceux des autres membres de la famille.

Mais les horaires de travail atypiques, de soirée, de nuit ou de week-end, ont fortement progressé au cours des dernières années, entre autres parce que le développement de l'offre de services, tels que les loisirs, impose de travailler à contretemps des rythmes dominants. En 1999, près d'un salarié sur deux ne bénéficiait pas d'horaires standard. En 2002, trois salariés sur dix travaillent régulièrement ou occasionnellement le soir ou la nuit, environ un sur quatre travaille le dimanche régulièrement ou occasionnellement, selon des horaires peu compatibles avec une vie sociale normale. La proportion de salariés travaillant habituellement la nuit est passée de 4 % en 1998 à 7 % en 2005. L'augmentation a été plus forte pour les femmes que pour les hommes. Plus d'un quart des salariés travaillaient habituellement le samedi en 2005, alors qu'ils étaient un peu moins d'un cinquième en 1998.

La majorité des femmes en France ont fait le choix du travail professionnel mais font face, lorsqu'elles ont de jeunes enfants ou des parents dépendants à charge, à un casse-tête quotidien. Aujourd'hui, on le voit bien, l'insuffisance de modes de garde aux horaires adaptés et les horaires de travail imposés par les entreprises ne permettent pas de concilier aisément vie de famille et vie professionnelle. Ce sont d'abord les femmes qui en paient les conséquences. Beaucoup d'entre elles doivent, pour ces raisons, travailler à temps partiel et sacrifier leur carrière. Pour de nombreuses femmes une forte implication dans les travaux domestiques va de pair avec un moindre investissement professionnel. Lorsqu'elles font le choix contraint, faute d'autre solution tenable, de travailler à temps partiel, elles déclarent, près de huit fois sur dix, que c'est pour faciliter la conciliation entre la vie professionnelle et la vie familiale[1]. La question de la conciliation doit aussi s'envisager selon les âges de la vie, les charges familiales et prendre en compte les rythmes quotidiens, hebdomadaires et annuels. Toute solution ne peut donc être que temporaire et s'adapter aux circonstances.

Les mères qui tiennent malgré tout à travailler à plein-temps rêvent certainement de solutions moins stressantes. Près de quatre femmes sur dix se plaignent du manque de compréhension des chefs d'entreprise à l'égard de celles qui ont des enfants. Deux femmes sur dix mentionnent l'absence de partage réel des tâches dans le couple. Quoi qu'il en soit, ni la compréhension des entreprises, ni le partage des tâches au sein du couple ne sauraient suffire pour concilier les contraintes du travail et celles des soins aux enfants ou aux parents dépendants.

1. Enquête ERFI de l'INED, 2005.

L'existence de modes de garde collectifs avec des horaires aménagés ne règle toutefois que partiellement le problème de la conciliation entre vie familiale et vie professionnelle. Pour la santé et le confort des jeunes enfants et de leurs parents, des horaires réguliers et pas trop décalés sont préférables. On conçoit bien que toutes les entreprises, compte tenu de leurs activités, ne peuvent pas proposer facilement ce type d'horaires. On a aussi besoin d'infirmières la nuit, de caissières le soir ou le samedi, de vendeuses le dimanche, de serveuses de restaurant aux heures des repas et les dimanches et jours fériés.

Face à cela un effort d'imagination est nécessaire. La solution ne peut venir uniquement des entreprises et des salariés et ne relève pas du seul développement de systèmes de garde. L'aménagement des horaires de travail est la solution préférée de plus de la moitié des femmes (55 %), tandis que l'allongement du congé maternité recueille l'approbation d'un tiers d'entre elles (36 %), et l'augmentation des jours de congé pour enfant malade, de 31 %. L'idéal serait que les parents de jeunes enfants puissent bénéficier de l'ensemble de cette palette de moyens, sans craindre que cela ne pénalise leur carrière professionnelle. Ce n'est que dans ces conditions qu'on pourrait parler d'un choix, alors qu'aujourd'hui le choix n'est qu'un choix par défaut.

Mais peut-on demander aux entreprises de prendre à leur charge le coût de ces aménagements ? Certaines, celles notamment qui sont, du fait de leur activité, soumises aux horaires les plus décalés ou irréguliers, ne peuvent offrir d'horaires aménagés. Il faut donc chercher ailleurs. Le congé parental rémunéré de longue durée est une des solutions adoptées en Suède avec une partie réservée aux hommes. Cela permet aux parents de garder leurs enfants à la maison pendant plusieurs mois, avant de les confier à la crèche, mais a pour conséquence *de facto* de handicaper les carrières des femmes dans les secteurs les plus fortement soumis à la concurrence. La possibilité de prendre des congés rémunérés en partie pour s'occuper d'un enfant malade ou d'un parent dépendant devrait également être étendue, sans être à la charge des entreprises. Puisque certaines entreprises n'ont pas de marge de choix en raison de leurs activités et de leurs faibles moyens, il faut envisager que les femmes ou les hommes ayant des jeunes enfants ou la charge de parents dépendants se voient proposer des emplois avec des horaires compatibles dans d'autres entreprises. Ce pourrait être une fonction de l'agence de l'emploi que de contribuer à cette mobilité temporaire des parents vers des emplois ayant des horaires adaptés.

Permettre aux parents de jeunes enfants de concilier leur travail et leur vie familiale serait un progrès considérable mais ne résoudrait pas tous les problèmes d'aménagement du temps contemporains. Même sans charge d'enfant ou d'ascendant dépendant, l'astreinte à certains horaires atypiques handicape la participation à la vie sociale et pas seulement à la vie de famille. Comment par exemple participer à des activités associatives, civiques, sportives ou culturelles régulières quand on travaille le week-end ou selon des horaires décalés et, pire, irréguliers ? Ce problème qui concerne un nombre croissant de personnes mérite d'être posé non seulement au niveau de l'entreprise, mais au-delà, au niveau auquel il peut lui être trouvé une solution partielle, celui de la commune. Les diverses solutions envisageables ne relèvent pas que de la volonté de l'employeur qui est lui-même souvent totalement contraint par le type d'activité qu'il exerce. Celui-ci peut au mieux alléger les contraintes, il ne peut pas s'en dégager tout à fait et donc en dégager ses salariés. Une aide complémentaire de la collectivité s'avère indispensable. Actuellement les problèmes rencontrés par les salariés, hommes et femmes, pour concilier vie professionnelle et vie familiale sont rarement connus. Ils s'expriment parfois dans les entreprises mais sont ignorés des collectivités territoriales. Pour que soient imaginées et mises en œuvre les solutions aux problèmes rencontrés, la première démarche consiste à les répertorier. Ce pourrait être la fonction d'un « bureau des temps » comme certaines municipalités en ont créé. À partir d'une meilleure connaissance des problèmes rencontrés par les salariés en matière d'horaires, des dispositions nouvelles pourront être prises, comme l'adaptation des horaires des services administratifs et des transports en commun.

Tant que la vie de travail restera difficilement compatible avec la vie de famille et n'offrira pas la possibilité de consacrer suffisamment de temps aux enfants, les salariés comme les travailleurs indépendants éprouveront un déchirement qui les empêchera d'être bien dans leur travail et de s'y investir. Cette question, bien qu'elle soit essentielle, est encore trop peu prise en compte dans les relations sociales, et n'est au menu d'aucune négociation. Dans la mesure où il s'agit d'une question d'intérêt général qui dépasse les compétences des entreprises, ce devrait être aux pouvoirs publics, au niveau national ou des collectivités locales, de prendre l'initiative pour mener l'analyse et élaborer des solutions.

Conclusion

Le travail brille à nouveau au firmament des valeurs après une éclipse décennale. Il n'est question aujourd'hui que de se lever tôt et de travailler plus. La loi honnie par la droite sur la semaine de trente-cinq heures a été déboulonnée comme une vulgaire statue de héros communiste dans l'ancienne RDA. Le gouvernement a même détaxé les heures supplémentaires, espérant que leur envol comblerait à la fois les entreprises qui trouveraient par là un moyen simple d'accroître leur production et les salariés qui pourraient ainsi augmenter leurs revenus. En fait d'envol nous avons assisté à un décollage poussif qui augure un atterrissage en catastrophe. Certes, la réhabilitation de la valeur travail qui fut un des leit-motive des élections présidentielles de 2007 a été bien reçue dans l'opinion. Le travail demeure en effet une valeur stable qui bénéficie toujours d'une cote élevée. Mais malgré cela, ou peut-être justement en raison de son importance, les Français sont nombreux à se plaindre de leur travail. Ils font la distinction entre le travail en tant que valeur à laquelle ils sont attachés et le travail qui est leur lot quotidien et qui pèse à beaucoup d'entre eux.

Assurément, survaloriser un travail fantasmé ne peut qu'accentuer le mal. En effet, ce n'est pas par plus de dévotion ou de dévouement qu'on peut espérer guérir les maux dont se plaignent les travailleurs, mais d'abord par une conscience plus juste de ce qu'est la réalité du travail afin d'avoir prise sur elle. Il est malheureusement à craindre que les mêmes représentations anachroniques continuent à dominer la scène longtemps encore. Il faut seulement espérer qu'elles auront de moins en moins d'écho et, qu'un jour, elles disparaîtront. Mais nous n'en sommes pas là. Si on ne peut dissiper dès maintenant la brume qui entoure la scène du travail, on peut néanmoins s'attaquer aux problèmes les plus préoccupants. J'en ai analysé quatre dans ce livre : la sécurisation des parcours professionnels, la conciliation entre la vie professionnelle et la vie familiale, les conditions de travail et la reconnaissance du travail.

Je ne reviendrai pas en détail sur ces questions. Je veux simplement redire l'absolue nécessité de l'engagement de la puissance publique sur ces différents chantiers. La bonne volonté et la détermination des partenaires sociaux sont indispensables mais ne peuvent suffire car l'ampleur des problèmes posés excède leurs capacités d'action. Deux particularités de la période présente limitent les moyens des acteurs sociaux et appellent une intervention publique : la mondialisation et la baisse de la taille moyenne des entreprises. Confrontées à une concurrence exacerbée sur un marché mondial, les entreprises doivent mobiliser toutes leurs forces et toutes leurs capacités pour conquérir de nouveaux marchés et contenir les assauts de leurs concurrentes. Contraintes de s'adapter au plus vite à une évolution souvent imprévisible des marchés, sans visibilité de long terme, elles n'ont plus les capacités ni les moyens suffisants pour assurer à l'ensemble de leurs salariés une totale sécurité d'emploi. En outre, la petite taille de la plupart d'entre elles et la concurrence acharnée à laquelle elles sont confrontées limitent leur vision stratégique et leur capacité d'intervention sociale. On connaît la faiblesse des organisations de salariés et, en France, leur fragmentation. On ne peut espérer de ce côté autre chose que l'expression d'alarmes sur les questions les plus sensibles sans aptitude à mener une action d'ampleur suffisante pour déboucher sur des solutions.

Ce constat ne dédouane pas les acteurs sociaux de leurs responsabilités et ne doit pas les inciter à se désengager de la sauvegarde de l'emploi et de l'amélioration des conditions de travail. Leur implication et leur mobilisation demeurent absolument nécessaires mais seule la puissance publique dispose de l'autorité et des moyens humains, intellectuels et financiers suffisants. On peut l'illustrer à propos du problème de la précarité professionnelle. L'incertitude qui pèse désormais sur les carrières professionnelles a, on l'a vu, de lourdes conséquences. Elle limite l'horizon des personnes et réduit leurs capacités à se projeter dans l'avenir. Elle se traduit par le déclassement définitif de milliers de salariés, une situation dans laquelle il est souvent impossible de retrouver un emploi de même niveau que celui qui a été perdu. Elle instille la défiance de tous envers tous et mine la cohésion sociale, affaiblit l'investissement dans le travail, incite les salariés au retrait et, au final, fragilise l'estime de soi.

Seul l'État est à même de sécuriser les parcours professionnels. De même qu'il garantit la sécurité des personnes et, dans les pays européens, la sécurité sociale, de même il a les moyens de garantir en dernier ressort les parcours professionnels tout au long de la vie, en atténuant les conséquences des licenciements et du chômage, et en offrant les perspectives et les moyens d'une nouvelle carrière. En se faisant ainsi le garant de la sécurité au sens large, y compris professionnelle, l'État n'excéderait nullement son rôle. Il ne s'agirait pas d'empêcher les accidents de parcours – licenciements et restructurations. La garantie de sécurité consiste à dispenser un revenu de remplacement pendant les périodes de chômage, à proposer des formations qui permettent le retour à un emploi d'un niveau au moins équivalent à l'ancien et à assister les demandeurs d'emploi dans leur recherche, sans limitation de temps. Cette garantie préserve la liberté de gérer des entreprises tout en assurant aux salariés que, quels que soient les incidents professionnels, ils conserveront un revenu décent et retrouveront un emploi convenable. Par cette intervention l'État ne garantirait pas seulement la sécurité professionnelle, il contribuerait à maintenir la cohésion sociale mise à mal par la généralisation des comportements concurrentiels et l'insécurité générée par la mondialisation.

Dans les autres domaines – risques psychosociaux, conciliation de la vie professionnelle et de la vie familiale notamment –, l'intervention de l'État paraît également indispensable. Son rôle consisterait d'abord à organiser la réflexion et la concertation dans une conférence nationale réunissant les acteurs sociaux concernés qui devrait déboucher sur un diagnostic partagé et des propositions d'action. L'État est aussi le seul à pouvoir élaborer un cadre de régulation et l'appliquer, que ce soit par une nouvelle réglementation ou par des incitations financières. Enfin, lui seul a également les moyens de créer des institutions *ad hoc* et de les doter des ressources nécessaires. Ce recours indispensable à l'État ne serait pas en contradiction avec l'action des acteurs sociaux. Il en serait le garant et le complément et leur offrirait le cadre stable d'intervention qu'ils n'ont pas aujourd'hui.

Bibliographie

« À l'écoute des Français au travail », étude Capgemini Consulting, 2005, à consulter sur : www.fr.capgemini .com/m/fr/doc/LivreblancEtudeCapgeminiConsulting _TNSSofres.pdf

Hannah Arendt, *Condition de l'homme moderne*, Calmann-Lévy, 1997 [1961].

Christian Baudelot, Michel Gollac (*et al.*), *Travailler pour être heureux ? Le bonheur et le travail en France*, Fayard, 2003.

Nicolas Baverez, *La France qui tombe : un constat clinique du déclin français*, Perrin, 2003.

Pierre Boisard, *Sortir du chômage*, éd. Mango, 2007.

Jennifer Bué, Thomas Coutrot, Sylvie Hamon-Cholet, Lydie Vinck, « Conditions de travail : une pause dans l'intensification du travail », in *Premières informations premières synthèses*, n° 01.2, janvier 2007.

Jennifer Bué, Nicolas Sandret, « Contact avec le public : prés d'un salarié sur quatre subit des agressions verbales », DARES, *Premières informations premières synthèses*, n° 15.1, avril 2007.

Bibliographie

Le nouvel âge du travail

Louis-Jean Calvet, Jean Véronis, *Les Mots de Nicolas Sarkozy*, Le Seuil, 2008.

Éric Chauvet, « Les salariés, le travail et l'entreprise », in *L'État de l'opinion 2006*, TNS SOFRES, Le Seuil, p. 103-120.

Christophe Dejours, *Souffrance en France*, Le Seuil, 1998.

Jacques Delpla, Charles Wyplosz, *La Fin des privilèges. Payer pour réformer*, Hachette Littératures, 2007.

Isabelle Ferreras, *Critique politique du travail*, Les Presses de Sciences Po, 2007.

Viviane Forrester, *L'Horreur économique*, Fayard, 1996.

Georges Friedmann, *Le Travail en miettes*, Gallimard, 1956.

Hazards Magazine, n° 101, janvier-mars2008.

Marie-France Hirigoyen, *Le Harcèlement moral. La violence perverse au quotidien*, Syros, 1998.

–, *Malaise dans le travail. Harcèlement moral : démêler le vrai du faux*, Syros, 2001.

Victor Hugo, *Les Contemplations*, Gallimard, 1973 [1858].

Institut Manpower, *Le Travail. Les Français y croient-ils encore ?*, Éd. d'Organisation, 2006.

Jean-Pierre Le Goff, *La France morcelée*, Gallimard, coll. « Folio actuel », 2008.

Patrick Légeron, *Le Stress au travail*, Odile Jacob, 2001.

Heinz Leymann, *Mobbing. La persécution au travail*, Le Seuil, 1996.

Corinne Maier, *Bonjour paresse : de l'art et de la nécessité d'en faire le moins possible en entreprise*, Michalon, 2004.

Dominique Méda, *Le Travail. Une valeur en voie de disparition*, Aubier, 1995.

–, « La fin de la valeur travail ? », *Esprit*, n° 8-9, août-septembre 1995, p. 75-93.

Philippe Nasse et Patrick Légeron, *Rapport sur la détermination, la mesure et le suivi des risques psychosociaux au travail*, La Documentation française, 2008.

Jeremy Rifkin, *La Fin du travail*, La Découverte, 1996.

Réseau national de vigilance et de prévention des pathologies professionnelles, Rapport d'activité 2006, Afsset, 2007.

Scarlett Salman, « Fortune d'une catégorie : la souffrance au travail chez les médecins du travail », *Sociologie du travail*, n° 50, 2008, p. 31-47.

Dominique Schnapper, *Contre la fin du travail*, 1997.

Richard Sennet, *Le Travail sans qualités*, 10-18, 2003. Traduction de Pierre-Emmanuel Dauzat, de *The Corrosion of Character. The Personnal Consequences of Work in the New Capitalism*, 1998.

Jean-François Tchernia, « Les jeunes Européens et leur rapport au travail », in *Les Jeunes Européens et leurs valeurs*, La Découverte, 2005, p. 205-228.

Table des matières

Pour l'éditeur, le principe est d'utiliser des papiers composés de fibres naturelles, renouvelables, recyclables et fabriquées à partir de bois issus de forêts qui adoptent un système d'aménagement durable.

En outre, l'éditeur attend de ses fournisseurs de papier qu'ils s'inscrivent dans une démarche de certification environnementale reconnue.

Ce volume a été composé par Nord Compo